Bonjour

La Nlle-Calédonie

Textes : Hélène Leprisé

Photos : Philippe Giraud

Guide pour voyageurs curieux

Collection "Bonjour" dirigée par Jean-Michel Renault

UNE SELECTION RFO

Les Créations du Pélican

Siège social : Vilo, 25 rue Ginoux - 75015 Paris - Tél. : 01 45 77 08 05 - Fax : 01 45 79 97 15

I. Pott
Pâhah
Tâmwan
Oono
Wéaa
Ile Art
WAALA
Baie Aawé
Eva
Patromé
Mwan
Pwâ Xédu
Ile Dan Ac
Iles Daos du Nord
Iles Daos du Sud
Récif de l'arche d'alliance
0
5
10 Km
Récif Nevika
Récif Jaré
I. GIÉ
I. Nãnã
I. Mënorë
Pte de Tuurè
Kaaji
Récif Kuru
Pte de Kwacivita
Wapwanga
I. Kônubutr
I. Kô Ngéaa Ké
Baie de Upi
Presqu'l. d'Oro
ILE DES PINS (KUNYIÉ)
Récif Kangé
I. Kûûnno
I. du Ami
Baie de Vuro
I. du Aha
KUTO
VAO
Kôtomo
I. Brosse
Passe Jû
I. Aha
Nèkââwi
I. Ami
0
5
10 Km
Belep
Iles Loyauté
Ouvéa
Lifou
Maré
Ile des pins
RECIF DE COOK
Touhou
Poindimié
Colnett
Vieux Touho
Ponérihc
Tewadé
Ste Thérèse
Ouégoa
Povébo
Wâyèm
Hienghène
MASSIF DU PANIÉ
Ile Balabio
Pam
Bopope
St Yves
Pte Nahârian
Arama
Bondé
Bas Coulna
Ile Baaba
Ovéné
Néami
Goipin
Tiabet
Ateu
Ouaté
Ile Yandé
Ile Neba
Poum
Grombaou
Poindah
Nétéa
Koumac
Kaala-Gomen
Boyen
Témala
Tiébaghi
Povembout
Tinip
Voh
Koné
Poya
Paagoumène
Ovaco
Népoui
Oundjo
Presqu'île de Pindaï
GRAND RECIF DE KOUHAC
GRAND RECIF DE KOUHAC
10
20
30 Km

Cap Rossel
Ohnyot
St Joseph
Pléiades du Nord
OUVÉA
Cap St Hilaire
Hulup
Fayaoué
Passe d'Anemata
Pléiades du Sud
Mouly
Pte de Mouly
Cap Escarpé
Jokin
Hnathalo
Xepenehe
Cap Aime Martin
We
LIFOU
Mu
Drueulu
Kéjémy Kedeigne
Cap de Flotte
Ile Tiga
Toka
Cap Roussin
Wakone
Ménaku la Roche
Ro
Cap Machau
MARÉ
Kurim
Cap Boyer
Nece
Tadin
Wabaao
Emi
Cap Wabao
ILES LOYAUTÉ
10
20
30 Km
Mamié
Presqu'île Kwé Binyi
Yaté
Wad
Xéré
Ile Tupeti
St Roch
Ouinné
Canal de la Havannah
Cap Bégat
Thio
Bocage
Kovaoua
Canala
St Pierre
MASSIF DU HUMBOLDT
Houaïlou
Cap Ndova
Nédivin
Koh
Sarraméa
Plum
Ile Ouem
Bouloupari
La Tontouta
Païta
Dumbéa
Ndij
Gôdu
La Foa
Farino
Naïa
le Mont - Doré
Bouraké
Bourail
Camp brun
Tongouim
NOUMÉA
Nandai
Moindou
Nessadiou
Récif de l'Annibal
Gd Récif Abore
Récif Wé
N
La Nlle-Calédonie

SOMMAIRE

Situation géographique

Située au sud-ouest de l'immense océan Pacifique, la Nouvelle-Calédonie fait partie de la Mélanésie, ensemble d'un millier d'îles réparties entre la Papouasie-Nouvelle-Guinée, les Salomon, le Vanuatu, les Fidji et la Nouvelle-Calédonie. Elle est éloignée de 1 500 à 1 700 km des blocs de la Nouvelle-Zélande et de l'Australie.

Avec une superficie 16 372 km2, la Grande-Terre représente une des plus grandes îles de la région. Dans son axe nord-ouest, elle se poursuit avec les îlots Balabio, Baaba, Yandé et les Belep, puis plus au large Huon et Surprise ; au sud de la côte occidentale, les baies de Saint-Vincent, de Dumbea, de Boulari et de Prony protègent quelques petites îles ; à la pointe sud-est, l'île des Pins s'est lentement détaché de la Grande-Terre ; enfin, dans un axe parallèle à la dorsale sud-est/nord-ouest, à une centaine de kilomètres à l'est, se trouve le groupe des Loyauté (Lifou, Tiga, Maré, Ouvéa et Beautemps-Beaupré). Au total, les dépendances apportent 2 203 km2.

Configuration

La Grande-Terre forme un ensemble allongé de 400 km de long sur 50 à 70 km de large traversé sur toute sa longueur d'une chaîne centrale dont les sommets s'échelonnent entre 1 000 et 1 600 mètres avec deux points culminants symétriques : le Mont Panié au nord haut de1628 m et le Mont Humboldt au sud inférieur de 10 mètres. Le flanc oriental tombe presqu'en à-pic dans l'Océan, tandis que le versant occidental descend par vagues successives de collines vers la mer, laissant par intermittence quelques belles plaines à savane. De larges rivières dégringolent en cascades les falaises vertigineuses ou gambadent librement au creux des vallées pour s'épanouir en de vastes et paisibles estuaires.

Les îles Loyauté offrent un paysage très différent. Ouvéa, ancre marine renversée, constitue un magnifique atoll corallien, étroite langue de terre émergeant des eaux bleues du lagon ; Maré et Lifou sont de vastes plateaux calcaires recouverts d'une brousse touffue à l'emplacement des lagons intérieurs originels.

Géologie

C'est dès l'ère primaire que la Grande-Terre (et l'île des Pins), dans ses profondeurs maritimes, a commencé son long travail d'édification en amalgamant coulées volcaniques et sédimentation. Au secondaire, la masse constamment agressée par les vents et courants reste fragile même si quelques fragments charbonneux tendent à indiquer l'émergence de pics dès cette époque. Au crétacé, l'écorce terrestre se plisse, et, sous la pression, les roches se stratifient. Le sol cristallophyllien du massif nord et les basaltes de la côte ouest remontent à ce bouleversement géologique. Enfin, au tertiaire, ère très mouvementée qui apporte elle aussi son lot de roche (la péridotite venue des fonds abyssaux), la Grande-Terre émerge entièrement. Elle est nettement plus grande que sa version actuelle. La barrière récifale délimite ses anciennes frontières. L'érosion aplanit les reliefs. Au quaternaire, l'île se soulève de nouveau et penche à l'ouest. La remontée du niveau de la mer ou au contraire un affaissement terrestre entraîne l'immersion d'un partie de l'île qui prend alors sa configuration actuelle.

Le surnom, le Caillou, donné très tôt par les colons à la Grande-Terre est bien mérité. Par son histoire géologique, l'île est dotée d'une concentration incroyable de minerais, dont le nickel et le chrome sont les plus importants.

Les îles Loyauté sont plus récentes et sont le fruit d'éruptions volcaniques de l'époque tertiaire.

Le lagon

Gigantesque mer intérieure que ceinturent les récifs coralliens troués de passes, le lagon calédonien lèche de ses eaux tièdes et tranquilles (entre 21° et 28°) les plages de la Grande-Terre. Profond de 40 mètres au plus, il peut s'étendre jusqu'à 40 kilomètres du littoral. La barrière longue de 1 600 km est constituée de madrépores, d'algues calcifiées et de sables mouvants. Ensemble vivant à fleur d'eau, elle filtre les vagues de l'Océan et vit au rythme lancinant des marées.

Climat

Située entre 19°32' et 22°47' de latitude sud, la Nouvelle-Calédonie jouit d'un climat chaud adouci par les alizés marins. L'amplitude thermique entre l'hiver et l'été austral est seulement de 5°, avec des moyennes hautes en février de 26° et des moyennes basses en août de 21°. Il faut cependant savoir que les températures varient aussi en fonction de l'altitude, de l'exposition "au vent" ou "sous le vent" et des caprices de la météo. Pendant la saison froide, les Canaques réchauffent leurs cases d'un bon feu de bois.

Les pluies ne sont pas rares sur le Territoire comme en témoigne la luxuriante végétation, bien qu'une fois encore, leur répartition géographique soit inégale. La côte "au vent" est plus humide que la côte "sous le vent". La chaîne offre un immense barrage où hautes pressions tropicales et basses pressions équatoriales s'affrontent, créant sur les sommets une couche nuageuse. Les intermèdes pluvieux se situent de décembre à mars (avec possibilité de cyclones de petite envergure) et de juin à août. La forte pluviométrie est à la source des multiples rivières qui coupent la chaîne dans son axe transversal.

La flore

Très isolée, la Nouvelle-Calédonie a conservé une vaste palette végétale (3000 espèces répertoriées) à 80 % endémique. Sa plus grande particularité, outre sa richesse, est sans aucun doute la survivance de plantes archaïques telles le pin colonnaire, le bois bouchon ou les fougères arborescentes qui peuvent atteindre 25 mètres de hauteur.

Les feux de brousse à répétition, l'exploitation minière et l'élevage extensif, s'ils ont dénaturé certains paysages, notamment dans le sud et sur la côte ouest, ont laissés de grandes régions indemnes.

La diversité du relief, du sol et des microclimats induisent l'existence de plusieurs types de végétations bien marqués. Ainsi, sur les hauteurs de la chaîne dorsale, une forêt humide et verte abrite de hauts et vieux arbres majestueux : kaoris, tamanous, houps et pins colonnaires. Sur les sols à péridotite (comme vers le Mont Humboldt), on peut voir s'épanouir en altitude une "forêt des nuages", royaume des lianes, mousses et fougères. Sur les massifs ultrabasiques à faible couche d'humus situés au dessous de 1000 mètres d'altitude prospère une forêt plus clairsemée avec des variétés d'arbres très divers qui associe les araucarias et kaoris aux chênes-gomme et hêtres. Dans le sud, vers Yaté, ou à la pointe extrême nord de la Grande-Terre, le maquis couvre le sol rouge des latérites.

Sur le bord de mer oriental, de magnifiques banians, des pandanus aux racines bien droites, des pins bois de fer et des cocotiers évoquent irrésistiblement les rivages océaniens de carte postale. A l'ouest, l'atmosphère emprunte plutôt aux images de far west et de bush à l'australienne avec ses

Ci-dessus, le héron bihoreau, le butor et le cagou, l'oiseau emblème de la Nouvelle Calédonie. Ci-contre, plage de cocotiers, pêche à Ouvéa et bétail à Koné.

immenses pâturages aux herbes ondulantes, ses petits rus ombragés où se réfugie le troupeau, ses massifs d'arbres isolés. Plus au nord, après la plaine des Gaïacs couverte de ces acacias calédoniens, règnent les petits niaoulis argentés. La savane court à perte de vue.

Enfin, dans les marécages le long du littoral, la mangrove étend son tapis de palétuviers.

La faune

Autant la Nouvelle-Calédonie est riche en flore, autant elle est pauvre en faune. Avant l'arrivée des Européens, les seuls mammifères présents se limitaient aux chauve-souris et aux rats. Les roussettes, ces immenses chauve-souris frugivores dont l'envergure peut atteindre un mètre de large, ont été largement consommées par les indigènes. Leurs poils roussâtres étaient tressés et constituaient une monnaie d'échange de valeur. Ces cordelettes servaient aussi d'ornement aux objets cérémoniels comme les haches ostensoirs, les armes de parade, les colliers de perles en serpentines... Avec les premiers vaisseaux européens débarquent de nouveaux mammifères : des cochons offerts par James Cook, des rats qui s'immiscent avec succès sur n'importe quelle terre, des bœufs d'Australie importés notamment par le colon Paddon, des chevaux pour l'armée, des chiens et des chats. En 1862, des cerfs Sambur arrivent des Philippines et prospéreront en liberté. Aujourd'hui encore, la chasse aux cerfs est un passe-temps favori des broussards et de quelques grands bourgeois de Nouméa.

Les oiseaux, en revanche, sont assez bien représentés dans l'archipel avec 76 espèces répertoriées dont la moitié environ est endémique comme ce gros pigeon gris, le notou, ou encore ce bel échassier gris-bleu et roux appelé le cagou. Etre singulier que cet oiseau qui ne chante pas mais aboie, qui ne vole guère, qui pond un seul œuf par an et reste fidèle à sa moitié... Sur le bord de mer, des colonies de mouettes, sternes et autres palmipèdes viennent piquer du bec, quelques rares hérons déambulent nonchalamment loin du regard des hommes. Dans la campagne, des colibris, des tourterelles et martins-pêcheurs roucoulent ou pépient, tandis que la forêt abrite pigeons verts et perroquets colorés. Les Canaques chassaient les oiseaux pour se sustenter et confectionner des chapeaux et aigrettes avec leurs plumes. Certaines espèces avaient une valeur symbolique.

Les reptiles terrestres sont limités aux lézards. Dans la mythologie indigène, le lézard incarne souvent l'origine de l'homme.

Parmi les bizarreries calédoniennes, notons le bulime, escargot préhistorique présent à l'île des Pins.

La mer

Avec ses marais de palétuviers, ses lagons peu profonds et sa barrière de corail, la Nouvelle-Calédonie est un paradis maritime. Dans la vase et les eaux troubles des marécages, vit toute une population de crabes, de poissons amphibie qui gobent les insectes des palétuviers, de squilles géantes qui attrapent les petits poissons. Dans le lagon, des poissons multicolores font la joie des plongeurs : napoléons, poissons chirurgiens, perroquets, raies, dorades, ainsi qu'un serpent de bande dessinée, le tricot rayé... Coraux et mollusques créent un paysage merveilleux. Les fonds herbeux attirent les tortues caret et les vaches marines.

La barrière de corail, muraille vivante, fait le bonheur de bancs de petits poissons lumineux, de cônes, de trocas, d'oursins... et de langoustes. Sur le versant extérieur, l'aplomb de 50 mètres percé de cavités sombres couvert d'éponges, de madrépores à branches, est fréquenté par des murènes, des requins et des gorgones. Des dauphins croisent aussi parfois au large. Durant l'hiver austral, des baleines viennent mettre bas dans les parages et notamment à Lifou.

Relique du fonds des âges, le nautile est une céphalopode vivant dans les eaux très profondes.

Pour admirer cette faune maritime, vous pouvez vous rendre à l'aquarium de Nouméa.

Le ciel

Bleu limpide et transparent, gris de plomb à perte de vue, blanc ouaté, mauve veiné d'orange, le ciel teinte le paysage de ses nuances en perpétuel mouvement. Et, lorsque la nuit tombe, les constellations remplissent l'immensité de la voûte céleste.

Ci-dessous, le kaori géant et le niaouli.
Ci-contre, ciel et mer de Lifou.

Abécédaire végétal

L'arbre des Koghi (endémique)

Un des plus grands arbres de Nouvelle-Calédonie, l'arbre de Koghi peut dépasser 50 mètres de hauteur. Il est facilement reconnaissable à ses immenses contreforts qui l'ancrent solidement au sol. On ne le trouve que sur le mont Koghi, comme le laisse suggérer son nom.

Le bambou

L'Asie est le royaume des bambous, la Nouvelle-Calédonie une de ses dépendances. Partout, le long des rivières, on aperçoit des bambounnières, touffues et bruissantes. Les tiges poussent chaque nuit et peuvent atteindre 25 mètres de haut. Ces roseaux verts d'Asie fleurissent... une fois tous les 20 à 50 ans ! Une des rares traces "pictorales" de la culture canaque est le bambou gravé où sont immortalisés les grands événements de la tribu.

Le banian

Etrange arbre aux racines aériennes et tentaculaires, le banian vit de la mort des autres. Né d'une graine qu'un oiseau dépose dans la fourche d'un arbre, il commence par lancer ses racines à la recherche du sol tramant un entrelacs inextricable autour de son arbre-tuteur qui se meurt. Puis, il se développe en s'accrochant aux rochers et à toutes les plantes alentour. Il déploie ses mille et une ramifications, projette ses branches à la recherche de la lumière. Son ombre rafraîchissante et généreuse en a fait dans de nombreuses régions un lieu favori de rencontre. En Inde, il est irrévocablement associé au marché. D'ailleurs, banian vient du sanscrit "banigyana" signifiant marchand.

Pour les Canaques, le banian est souvent un sanctuaire où reposent les dépouilles des anciens.

Le bois bouchon (endémique)

Espèce relique du jurassique, le bois bouchon dresse sa petite silhouette ventrue le long des berges de la Madeleine et des lacs du sud. Malheureusement, l'incendie de 1991 ravagea pendant un mois toute cette région et mit en danger cette espèce unique. Si on appelle ce mini-baobab bois bouchon, c'est que son bois est presqu'aussi léger que le balsa d'Amérique latine.

Le bois-de-fer

Arbre frangeant le bord de mer ou ombrageant les maquis, le bois-de-fer est utilisé pour la construction des pirogues.

Le chêne-gomme (endémique)

Cousin de l'eucalyptus australien, le chêne-gomme s'élève majestueusement dans le massif minier de Thio ou le long de la route de Yaté. Imputrescible et inattaquable par les termites, on l'abattit en masse au XIXème siècle. Il servit de traverses de chemins de fer, de poteaux, de planches pour les ponts, etc. La mine et ses appétits gargantuesques firent le reste. En un siècle et demi de présence européenne, les trois-quarts des chêne-gomme disparurent. Les bûcherons se souviendront longtemps de cet arbre si dur, qui résistait de tout son tronc à l'abattage et qui, une fois vaincu, opposait son poids collossal à toute tentative de débardage. En témoigne encore aujourd'hui cet amoncellement de fûts sur la rive gauche de la Koué.

Le cocotier

Originaire sans doute de Micronésie, le cocotier s'est répandu dans toute la région intertropicale. Les cocotiers sont les plantes cultivées les plus répandues sur la planète, devançant même le riz ! En Nouvelle-Calédonie, ils ont été apportés par les Polynésiens. Les grandes cocoteraies des Loyauté n'ont été créées qu'au milieu du XIXème siècle pour la production du coprah.

Toutes les parties du cocotier sont utilisables : du lait de coco délicieux à la coque grillée que l'on retrouve comme filtre à cigarettes, de ses palmes qui serviront à la fabrication des toitures traditionnelles au tronc "porc-épic" transformé en meubles contemporains. Certaines noix de coco contiennent même une perle blanche, joyau rarissime détenu par quelques riches Maharadjah.

Les Canaques avaient l'habitude de planter certains arbres en souvenir d'un événement. Ainsi, à Balade, des cocotiers furent-ils plantés après le passage de James Cook.

Le flamboyant

Prince écarlate, le flamboyant fut découvert en 1820 à Madagascar. Depuis, sa floraison a fait des ravages dans toutes les îles tropicales. Introduit sur le Territoire au tout début de la colonisation européenne, l'arbre resplendit de ses grappes carmin d'octobre à avril. Il remporta un tel succès que, sur la place des Cocotiers, la mal-nommée, il est aujourd'hui devenu le maître.

La fougère arborescente

Encore une survivante anachronique de l'âge carbonifère, la fougère arborescente est aujourd'hui présente en bien des points de l'hémisphère sud. Fines ombrelles dentelées, elles sont prisonnières du soleil, source de vie et aiment particulièrement les clairières, les lisières de forêt ou les chablis. On peut admirer quelques magnifiques individus dans le Parc de la Rivière Bleue.

Le faux gaïac

Ce proche cousin de l'acacia australien est presqu'aussi répandu sur le Territoire que le fameux niaouli, avec pour aire de prédilection, les plaines de la côte ouest. Entre Népoui et Pouembout, les fourrés de gaïacs se succèdent à tel point qu'on a appelé la région la plaine des Gaïacs. En empruntant la route, vous verrez ces arbustes à la ramure basse et ramassée, au feuillage olivâtre et au tronc brun clair. Entre août et décembre, des fleurs jaunes, très appréciées des abeilles, égayent cet univers monotone. Des excroissances sur ces jeunes branches indiquent la présence de galles. Le bois de gaïac, extrêmement dur, a été utilisé par les Canaques pour la fabrication de casse-têtes, de pieux à fouir ou de poteaux de cases. Les colons l'utilisaient pour les enclos et barrières.

Le hêtre austral

Concentré sur les terres ultrabasiques du sud-est de la Grande-Terre, le hêtre austral a pour particularité de changer de frondaison en quelques jours à peine.

Le houp (endémique)

Son nom générique, Montrouziera cauliflora, rend hommage à ce botaniste passionné que fut le père Montrouzier au siècle dernier. Le houp, avec son large et haut tronc couleur de brique, est un des arbres rois des Mélanésiens. On allait souvent très loin dans la forêt chercher un spécimen majestueux qui deviendrait le poteau central de la Grande Case. Avant de le couper, un sorcier lui demandait la permission, puis avec mille précautions et prévenances, on le tirait jusqu'au village. Refuge des ancêtres, il incarnerait, une fois planté au milieu de l'édifice, la puissance du chef. Les Européens reconnurent très vite les grandes qualités de ce bois dense, résistant aux insectes et imputrescible. On en fit des volets, des balcons, des tables de jardin...

Le kaori

Conifère géant, le kaori est à la Nouvelle-Calédonie, ce qu'est le séquoia à Californie. Membre de la famille des Agathis, les kaoris ne se développent que dans les îles d'Asie du Sud-est, du Pacifique Sud et en Australie. Sur le Territoire, on en dénombre cinq espèces endémiques. Les Agathis lanceolata forment encore de belles forêts avec leurs fûts massifs et rectilignes, leurs toupets de belles branches. Au parc de la Rivière Bleue, vous verrez un de ces arbres multiséculaires, aux dimensions respectables (fût de 16 mètres, hauteur totale de 45 mètres, largeur de 2,70 m). Les qualités remarquables de ce bois facile à travailler ont entraîné un massacre en coupe réglée de l'espèce. Maintenant que les techniques de fûtaies sont connues, il est temps d'arrêter cette hécatombe.

Le Neocallitropsis (endémique)

Seule espèce protégée en Nouvelle-Calédonie (son huile a été très utilisée en parfumerie), le Néocallitropsis n'a été retrouvé que dans une dizaine de sites de la Grande-Terre. Semblable à un candélabre -d'où son surnom-, le jeune pied croît très lentement. Adulte, on le reconnaît facilement à son tronc en torche, à sa ramure alambiquée et à son feuillage en aiguilles. Sa floraison n'a lieu qu'une fois et signera son arrêt de mort.

Le népenthès

Cette liane carnivore capture dans une sorte de nasse les insectes imprudents qui s'aventurent à l'extrémité de ses feuilles.

Le niaouli

Symbole à lui tout seul de la Grande-Terre, le niaouli a colonisé peu à peu les grands espaces défrichés de l'ancienne forêt. Son écorce en bandes superposées et humides vers l'extérieur lui permet de résister aux feux de brousse. Présent de Yaté à Poum, il est le maître absolu de la côte ouest. Ces innombrables arbustes tortueux parsèment les verts pâturages de petites touches argentées. Les Canaques connaissent depuis la nuit des temps les vertus apaisantes de l'huile de niaouli, aussi appelée gomenol (du village de Gomen particulièrement riche en niaoulis). Quant à l'écorce, elle est utilisée dans la réalisation des toits et parois des cases.

Le pandanus

Perché au dessus d'un filet de racines-échasses, le pandanus abonde dans les forêts du littoral et parvient à pousser, à l'instar des banians, sur des sites les plus improbables. Ainsi, sur les falaises de la côte est, ils poussent au hasard des infractuosités, défiant le vide et le sens de l'équilibre. Son plumet de feuilles fines et pointues à l'extrémité de chaque branche lui donne un air incongru facilement reconnaissable. Sa frondaison est très appréciée des canaques qui l'utilise pour confectionner des nattes et les toitures.

Le pin colonnaire

Figure emblématique du Territoire, le pin colonnaire appartient au genre Araucaria, apparu il y a 230 millions d'années ! Sur les 19 espèces inventoriées dans le monde, 13 sont endémiques à la Nouvelle-Calédonie. Mince arête verticale, le pin colonnaire concentre toute son énergie à gagner de l'altitude (jusqu'à 50 mètres de haut) et ne s'embarrasse guère d'envergure. En formation serrée sur les côtes, il pousse également dans la chaîne centrale. Cette espèce des montagnes est alors le signe d'une ancienne implantation mélanésienne. Symbole viril évident, il était traditionnellement planté dans l'allée centrale et représentait la puissance du chef.

Le santal

Essence parfumée très prisée des chinois, le santal a fait l'objet dans la première moitié du XIXème siècle d'un massacre généralisé. Les marchands anglo-saxons l'échangeaient contre du thé de Chine, revendu aux colons australiens très attachés à la tradition du five o'clock. D'allure anodine, l'arbre ne révèle son arôme délicat qu'au cœur de son tronc et de ses racines. Aujourd'hui, ses peuplements sont rares tant en Grande-Terre que dans les dépendances.

A cette rapide évocation de quelques espèces arbustives du Territoire, il faudrait ajouter la profusion de fleurs, des légères et éclatantes bougainvillées aux entêtantes orchidées, des gerberas pastel aux buissons de lantana en passant par tous ces arbres-fleurs que sont les cytises et dartriers dorés, les jacarundas mauves, les tulipiers...

LES KANAK

Le terme Kanak peut s'épeler de deux façons différentes : les indépendantistes préfèrent sa version invariable Kanak (signifiant "homme" en... polynésien) à son écriture francisée et plus ancienne Canaque.

Origines

L'Océanie, une vaste étendue marine à peine parsemée de quelques archipels de loin en loin. Il faudra attendre la fin du XVIIIème siècle et les expéditions de Bougainville et du capitaine Cook pour que la vieille Europe rentre en contact avec ces antipodes peuplés d'indigènes restés à l'âge néolithique.

Qui sont ces hommes et femmes au "teint sombre", au "nez épaté" et à la "tignasse crépue" qui cultivent avec tant de soin les pentes de leur île montagneuse ? Les recherches ethnographiques et archéologiques permettent d'avancer l'hypothèse que ces îliens descendent des peuples de langue austronésienne ayant quitté l'Asie du Sud-Est par les îles de la Sonde en direction de l'est et de l'Océanie vers 10 000 ans avant Jésus-Christ. Une première vague d'émigrants s'était établie en Australie et en Nouvelle-Guinée vers 35 000 à 45 000 ans avant notre ère et constitua la souche aborigène et papoue. Le deuxième flux migratoire, apportant avec eux leur savoir d'horticulteur et de pêcheur, allait s'aventurer plus loin dès 6 000 ans avant notre ère. Les Mélanésiens s'installèrent sur les premiers archipels (les îles Salomon d'abord, puis les Nouvelles-Hébrides et la Nouvelle-Calédonie vers 1 500 avant JC), les Polynésiens poursuivirent leur voyage vers le levant jusqu'aux Samoa et Tonga. Grâce à leur maîtrise de la navigation hauturière, les migrants réussirent à maintenir le contact, comme le prouve la découverte de poterie "lapita" (remontant à 1500 avant JC) en différents points de l'Océanie. Selon l'ethnologue Jean Guiart, si l'art lapita s'est tant dispersé, c'est grâce aux échanges de femmes, la poterie étant un domaine réservé au sexe faible. Ainsi, la frontière entre Polynésiens, Mélanésiens et Micronésiens n'est pas aussi nette que les premiers explorateurs le pensaient. Les Canaques sont le résultat d'un métissage ancien. Au XVIIème et XVIIIème siècles, une nouvelle vague d'immigration enrichit la Grande-Terre de Néo-Guinéens, l'île des Pins d'habitants de Tonga, Lifou de Samoans et Ouvéa de Wallisiens.

La structure sociale

A l'époque de l'arrivée des Européens, la Nouvelle-Calédonie et les îles Loyauté ne forment pas un ensemble homogène régi par des lois communes. Bien au contraire ! Les "naturels" ne lui ont même pas donné de nom. La Grande-Terre est divisée en une quinzaine de "pays" formés autour des vallées transversales et dotés chacun d'une langue.

Ci-dessus, femme canaque en "robe de mission" et un sage de l'île de Belep.
Ci-contre, portraits de canaques : 1. Vieille femme de Lifou. 2. Titéma, dit Watton, chef de la tribu des Houassios, 3. Femme de la tribu des Maloumes. 4. Teen, chef de la tribu de Gogeto. 5. Homme d'Ouvéa. 6. Dalicouys, chef de Houaïlou. 7. Karamatila, femme de la tribu des Houassios. 8. Foké, de la tribu des Malounes. 9. Kodiaman, indigène de Koumaé (Dessins de M. Gaildream pendant la révolte de 1878).

1
2
3
4
5
6
7
8
9
J. Gaildrau
L. CHAPON

Les pays ordonnés autour d'un grand chef sont subdivisés en terroirs (également appelés tribus), puis maisons (ou hameaux) regroupant des clans. Le même principe d'organisation prévaut aux trois niveaux de la société. Il est fondé sur l'autorité naturelle de l'aîné (à la fois frère aîné de ses pairs vivants, et fils aîné des générations passées) qui est lumière, parole et ouverture (vers l'extérieur, vers l'au-delà), sur le respect de la parole des ancêtres, sur la ritualisation des actes principaux de la vie (ouverture de la récolte des ignames et taros, pêche, guerre mais aussi mariages, naissances, funérailles) et sur l'entretien des "chemins" que sont les échanges d'épouses entre des maisons.

A l'origine des terroirs, les fondateurs (kavu) sont les maîtres des lieux, les héritiers des premiers habitants. Dans les mythes, il est dit qu'ils choisissent pour chef un étranger, souvent un fils adoptif trouvé dans la forêt. Choyé par ses hôtes protecteurs, il devient l'enfant-chef devant lequel on s'incline. Sous la protection des génies et des esprits, il "hérite" par la volonté des maîtres des lieux de la force des ancêtres. Intronisé à l'occasion d'une cérémonie où il devra réciter sans faille toute l'épopée de la tribu, il recevra en signe de reconnaissance une grande case dominant une large allée et décorée d'une flèche faîtière, de chambranles, attributs de sa puissance. L'anthropophagie rituelle renforce l'aura du chef qui mange la chair et l'esprit des ancêtres. A l'inverse, au sein des maisons, le chef est, selon la légende, le fils aîné de la lignée aînée. De ces contes originels naît l'ambiguïté du terme chef, que l'on emploie pour définir tant le grand-chef d'un pays, le chef d'un terroir que le chef de clan.

Chez les Kanak, chaque femme a un rôle qui lui est attribué, ici celle qui travaille aux champs d'ignames et la cuisinière.

Autre personnage important du pays, le porte-parole est le maillon reliant les sujets au chef. C'est à lui que revient le devoir de distribuer les travaux entre les différents membres de la communauté.

Les terroirs sont des unités locales agencées autour d'un tertre où se trouve la maison de l'aîné parfois entourée d'une barrière. Sur les allées et contre-allées dans le centre et le sud de la Grande-Terre et sur des pelouses dans la région de Hienghène, sont installés les autres clans selon un ordre précis d'ancienneté ou de parenté. Dans la cour des chefs de terroir ou de pays, on retrouve, en dehors des membres de la famille, des dignitaires à leur service.

Si au niveau du clan, seule la distinction branche aînée/branche cadette est marquée (de même au sein de la famille nucléaire, les comportements du premier et du dernier enfant sont sociodéterminés : l'un est médiateur vers l'extérieur, l'autre assure la cohésion du groupe), le terroir attribue à chaque clan une fonction statutaire spécifique et exceptionnelle utile à l'organisation des grandes fêtes et qui s'ajoute aux tâches ordinaires de la vie rurale. Il y a ceux qui font la nourriture, ceux qui mènent les rites agricoles généraux, ceux chargés des travaux domestiques de la chefferie, ceux qui s'occupent du sacré pour la chefferie et ceux qui prodiguent le sacré pour les gens extérieurs à la chefferie. Il y a les responsables du temps, les guerriers, les policiers, les monnayeurs et les poissonniers...

Cérémonies

La société kanak est marquée, comme toute communauté organisée, par la célébration de festivités liées aux différentes étapes de la vie (naissance, initiation, mariage, levée des interdits après un deuil) ou encore au calendrier agraire.

Un des temps forts pour la communauté

survient avec la première récolte d'ignames de l'année. Lorsque le prêtre des ignames a décrété le temps venu, et après un long préambule ritualisé, les hommes (la culture des ignames, et notamment celles dites de prémices, est réservée aux hommes, tandis que les tarodières sont soignées par les femmes) vont chercher les tubercules dans les billons. Avant de pouvoir les consommer, ils offrent en signe d'allégeance et d'alliance une partie de leur richesse au chef. Cette cérémonie coutumière est très importante et sera suivie dans chaque tribu par de nombreuses réjouissances.

Parallèlement à ces manifestations périodiques, chaque terroir peut décider de la préparation d'un "grand pilou" pour fêter un événement, ou un ensemble d'événements comme l'inauguration de la Grande Case, un mariage ou l'intronisation d'un nouveau chef. Pour constituer les provisions suffisantes du fait de l'ampleur de la cérémonie, il faudra au moins une année, voire trois à cinq ans : des champs seront alloués expressément à l'approvisionnement et aux cadeaux des invités, des clans devront assurer les réserves de poissons et crustacées, des messagers seront envoyés chez les alliés pour faire les invitations. De larges tas de victuailles sont dressées avec à la base les vivres les plus communs et au sommet les aliments les plus nobles (toutes les productions vivrières sont classées dans une échelle de valeur qui commence par le coco, la canne à sucre, pour finir avec les taros et les ignames). Un orateur accueille chaque clan participant du haut d'une longue perche, rend hommage aux ancêtres, échauffe l'assemblée. Puis, vient le tour du grand chef qui fait un discours vantant les mérites des uns et des autres, retraçant l'épopée héroïque de la tribu. Enfin arrive l'heure des démonstrations de joie et de fidélité des

Un jeune danseur de la tribu de Wagap.

clans conviés. La fête peut durer des semaines entières, interrompues de-ci de-là par des temps de pause où chaque participant se retranche dans des abris situés un peu à l'écart de l'allée centrale. Lorsque la fin du pilou approche, on dépose les objets apportés pour les échanges dans l'allée centrale : ignames et autres victuailles du côté des hôtes, mais aussi nattes, jupes de fibre, couteaux de nacre, balassors, parures, couvertures de joncs, lames de haches, aigrettes, etc. Les objets de prix, fruits d'un travail artisanal attentif, ne se troquent pas mais s'achètent grâce à la monnaie (monnaie de coquillages, tresses de poils de roussettes, brassards). Le pilou est l'occasion de faire circuler des techniques originales, des nouvelles variétés de tubercules, des pratiques locales. On procède aux actes familiaux rituels dans les contre-allées, motifs originaux du rassemblement. Avant la clôture des cérémonies, on vient ficher en terre le pieu de la danse, le mât autour duquel, par cercles concentriques, les invités exécuteront la dernière ronde, parodiant ainsi la ronde incessante du monde des morts. Très loin, on entendra les martèlements des pieds et les cris des participants, la modulation spasmodique et cadencée d'une farandole endiablée. Le lendemain, les alliés, le clan des utérins (côté maternel) rejoindront leur hameau, portant des fardeaux de provisions et de tapas (nattes).

Mythes et croyances

Les Kanak accordent une importance fondamentale aux mythes et légendes qui tissent l'histoire de leurs origines. De même qu'il n'y a pas de frontière nette entre l'histoire réelle concrète et les contes métaphoriques, le monde des vivants appelé en langue "sur la terre" et le royaume des morts "les choses d'ailleurs", s'il est séparé physiquement (espace vierge autour des habitations, champs en friche, forêt primaire, espace sous-marin sont le domaine des défunts et des esprits), restent en contact constant dans une relation complexe.

Au commencement, la nature et sa force vivifiante immédiate. De la rencontre de deux éléments, l'un mâle et l'autre femelle (le requin et la moule, la pierre et l'huître...), naissent les génies, créatures préhumaines. De ces génies vient par la voie d'une transmutation miraculeuse le premier homme du clan, la souche fondatrice à laquelle tous les descendants se référeront. Les génies incarnent la force créatrice de la terre nourricière et sont gardés par les maîtres de la terre. Les deux principes naturels, animal, végétal ou météorologique, initiaux deviennent quant à eux les totems du clan, transmis de génération en génération. Les branches cadettes sont chargées de leur culte ; les femmes se réfèrent à l'emblème féminin, les hommes à l'emblème masculin. Cette distinction entre les deux sexes explique les rapports très différents que chacun entretient avec la famille de sa mère (les utérins) et la famille de son père (les agnats) et la relation entre les belles-familles (affins). Les morts deviennent les ancêtres, leurs âmes renforcées par leur séjour sur terre deviennent de puissants esprits qui règnent sur la société des vivants. C'est eux qui dictent une liste d'interdits, de tabous qui ne doivent être transcris sous peine de sanction (celle-ci ne pourra être levée que par l'intercession d'un membre du lignage bafoué). C'est eux qui assurent la réussite d'une entreprise, chasse, guerre, pêche, culture... L'esprit des ancêtres pour se manifester aux vivants prend une forme terrestre (ver de terre, lézard, requin, brise...) et devient à son tour totem. Des "voyants" doivent décoder leur message, des prêtres leur faire des offrandes et les intercéder. Les hommes vrais, les vivants, sont animés d'une âme venue du pays sous-marin où elle retournera après le décès. Chaque être est protégée par un ange-gardien, l'esprit d'un aïeul particulier.

Identité

Le Kanak hérite du côté maternel de son âme, du côté paternel de son corps, de son image et de ses totems. Lors des rites cérémoniels, l'oncle utérin insuffle dans le nouveau-né l'âme d'un ancêtre. Après son décès, la famille paternelle marque le deuil pendant une longue durée et reçoit le clan des utérins à qui l'on rendra le crâne et les ossements pour qu'ils soient entreposés dans le cimetière des aïeux. Lors des fêtes levant les interdits, les utérins réclament des excuses auprès de la famille paternelle qui n'a pas su prendre soin de l'être qui lui était confié. Des cadeaux et de la monnaie leur sont alors donnés en signe de dédommagement.

L'identité d'un individu est l'aboutissement d'une généalogie qui le relie à une famille, une lignée, un lignage, un clan, un terroir. Ces groupes ne sont pas statiques mais ont évolué au fil des stratégies d'alliance et des déplacements des aïeux. La généalogie loin d'être conçue comme l'énoncé des patronymes précédents est appréhendée comme un long chemin tracé par les anciens et marqué par des repères spatiaux bien visibles. Ces émergences d'une histoire enfouie et oubliée sont des anecdotes particulièrement exemplaires que la tradition orale aura retenue. Ainsi, on se souvient des ancêtres-souches nés de génies ou de l'union d'éléments naturels -ils sont la racine première, les totems fondateurs-, de quelques maillons intermédiaires prestigieux et des trois générations antérieures. Celles-ci définissent le statut au sein du groupe et les rapports avec les autres. La société kanak est hiérarchisée en fonction de l'ancienneté de l'implantation et de la parenté. Néanmoins, le mariage, l'adoption ou le prestige peuvent changer les positions données à la naissance. Un cadet du chef, pour échapper à l'autorité de son aîné, peut choisir de

La case du chef d'Atéu, la tribu la plus haute de Nouvelle Calédonie et une famille.

quitter son clan pour intégrer celui de son épouse et ainsi se déclasser. Un enfant adopté appartient au clan du père adoptif et peut assurer un lignage en déshérence. Un aîné de la lignée cadette peut remplacer son cousin à la tête de la tribu en cas d'incapacité de ce dernier, etc.

A la quatrième génération, l'arbre généalogique repart à zéro. L'enfant prend la place de son arrière grand-père et l'appelle grand frère si celui-ci est en vie.

La grande case

En Nouvelle-Calédonie, l'habitat n'est pas le fruit du hasard mais correspond à une organisation très hiérarchisée de la société et renvoie constamment à une signification symbolique. La grande case élevée sur un site dominant le paysage n'est pas seulement la maison du chef, mais est bien une représentation du chef. Sa construction nécessite les efforts de toute une communauté et le bon-vouloir des défunts.

Il faudra d'abord aller chercher dans la forêt l'arbre, souvent un houp majestueux, dont on fera le poteau central. L'arbre, comme tous les autres éléments terrestres, n'est pas inanimé mais est le dépositaire d'un esprit. On le traitera avec tout le respect dû et, pour commencer, on lui demandera la permission de le couper. Derrière le prêtre qui ouvre la voie, on tire le tronc. S'il reste bloqué, c'est parce qu'on a enfreint une règle.

Une fois le poteau travaillé, on installe le tour de case, on dresse la charpente, on la couvre de paille, on fait des centaines de ligatures représentant les liens entre les clans. Des panneaux sculptés viendront ensuite décorer la demeure. Les chambranles seront les gardiens de la porte, les flèches faîtière affirmeront la puissance du chef. Les poteaux du tour de case incarneront les anciens et dignitaires de la tribu. D'autres signes de sa suprématie pourront être apportés, linteau, seuil, applique, petites sculptures, masque, etc.

Aux îles Loyauté

Si le fondement de la société reste dans ses grandes lignes identiques au modèle prévalent sur la Grande-Terre, certaines divergences font de cet archipel un cas à part, d'autant plus remarquable que la colonisation européenne fut dans les faits très marginale.

On retrouve là encore les clans aux rôles déterminés et chefferies. Autour du chef gravitent des serviteurs ayant chacun une charge précise : l'un est "la bouche" et élabore sans consultation du chef ses discours ; l'autre puniera le chef en cas de mauvaise conduite ; un troisième dresse le bilan d'une réunion et en tire ses propres conclusions ; la "mouche" peut librement aller et venir chez le chef et le critiquer... Rien à voir donc avec un régime autocratique ! Le chef, loin de disposer de ses sujets, les consulte avant de pouvoir prendre une quelconque décision. Les dignitaires peuvent choisir de lui prêter allégeance ou au contraire faire preuve de velléité d'autonomie. En fait, le seul membre du clan à devoir totale soumission au chef est son frère cadet. Nombreux ont été ces derniers à choisir l'exil, et depuis la christianisation, la vocation religieuse, suivant en cela la voie européenne !

La symbolisation de ce système s'incarne dans le *hag*, enclos marquant l'espace de la chefferie. A l'intérieur, on trouve la grande case de réunion, les cases pour dormir, faire la cuisine, les maisons des femmes du chef, et l'abri où sont entreposées les ignames des prémices.

Paroles de femme kanak

"Ces voix de la terre, enseignait donc ma grand-mère Utê Mûrûnû, n'étaient autres que celles de la mère, celles de la femme. Et elles s'adressaient, en premier lieu, à nous les femmes qui, mieux que personne, pouvions les comprendre. Porteuses de semences, nous étions lardées d'interdits, marquées de tabous comme autant de pierres pour obstruer la vie. Ornières de plaisir, nous devenions des Eva mordues par le serpent inventé par les prêtres de la nouvelle religion. Adi, perles noires du mariage coutumier, nous étions échangées comme autant de poteries scellant une alliance entre deux guerres. Voies et pistes interclaniques, nous survivions tant bien que mal à nos enfances et à nos pubertés trop souvent violées par des vieillards en état de lubricité. Prestige, virilité, guerre, des concepts mâles pour la grande case des hommes bâtie sur le dos large des femmes !"

Déwé Gorodé, *Uté Mûrûnû, petite fleur de cocotier*, Editions Grain de Sable, Nouméa, 1994.

Le Pilou

"Maintenant elle est assez large, la masse ; alors sortant du noyau, au pied du mât, un bourdonnement roule à ras de terre, tout doucement, progressivement, ce bruit prend de l'ampleur, devient une mélopée basse qui va encore en s'élevant, en montant toujours, et se transforme en un chant guttural monotone. A ce moment, tous les instruments bruyants et sonores de l'orchestre, frappés en mesure, donnent le branle, la masse humaine s'agite, ondule, se met en marche, en pilonnant le sol, cadençant son pas sur le rythme brutal de l'orchestre ; tous les Canaques agglomérés, formant un disque immense, tournent, en avançant par petites saccades en cadence..."

Georges Baudoux, *Légendes noires des chaînes*, Edition du Messager, Nouméa, 1919.

Le calendrier agraire

Calendrier de la région de Koné, traduit par le pasteur Rey-Lescure en 1932

"boahtate : mois de la guerre, des cyclones et de la pluie (janvier)

degetua : mois où la brousse pousse follement, où les sentiers en deviennent étroits et où il faut faire attention aux cyclones (février)

poe xhuten : mois où les hommes mangent les ignames nouvelles mais où elles sont encore interdites aux femmes ; où il pleut beaucoup et où il y a des cyclones (mars)

thavawee : mois où les jours commencent à être bons et où les femmes peuvent manger les ignames

poe thae : mois où les feuilles des ignames commencent à sécher

poe fuhip : mois où l'on nettoie les ignamières et où l'on rassemble les soa, Dioscorea bulbifera (juin)

capatehle : mois de la récolte où les jours sont longs et secs (juillet)

poe thoo : mois où l'on débrousse et où l'on brûle les champs (août)

poe cute mabo : mois où les hommes ne restent pas tranquilles à cause des jours de labourage (préparation des ignamières) et préparent le jour du pilou ; les ignames poussent (septembre)

poe makate : mois où le soleil devient fort... (octobre)

poe xhotate : mois où le soleil devient plus fort, les ruisseaux sont secs (novembre)

kugege : mois où l'on prépare et arrange le chemin du mois de tête, car il va arriver de nouveau la guerre de boathate (décembre)"

De jade et de nacre, Réunion des Musées Nationaux, Paris, 1990.

De curieuses pierres sacrées

C'est ainsi que les désigne le R.P. Lambert. En effet, de nombreux aspects et activités de la vie kanak étaient régis par les puissances magiques contenues dans des pierres recueillies pour leur analogie de forme, avec l'objet de leur application. Lambert donne une liste d'une vingtaine de fonctions : pierre de la famine, de la folie, pour faire mourir, pour le soleil, pour la pluie, pour la guerre, pour la pêche, pour l'igname, pour le taro, pour les cocotiers, etc.

Il décrit une très belle pierre de forme biconique dont il fait don au Museum de Bordeaux : "Nous possédons trois pierres qui ont appartenu à différentes familles. L'une en jade a la forme d'un double épissoir et doit coûter beaucoup de travail d'exécution... Ces pierres sont traitées toujours dans le but très malveillant de faire mourir son semblable. Toutes les cérémonies qui s'y rattachent sont enveloppées du plus grand mystère..."

Il donne ensuite les modalités de sa mise en œuvre dont l'essentiel semble se situer dans le rapprochement au cours de la manipulation d'un poisson : le "mulet" et d'une espèce particulière de banane qu'il serait intéressant d'élucider."

Extrait d'un article de Roger Boulay, *De jade et de pierre*, Réunion des Musées Nationaux, Paris, 1990.

Conte anthropophage

"(...) il y avait une vieille histoire qu'on disait la nuit, devant les cases, d'un temps où le poisson faisait mourir à cause de la fleur du corail, où les bananiers et les cocotiers avaient été brisés par le vent de mort ; alors, ceux qui étaient les plus forts et qui avaient grand faim, avaient mangé les autres pour ne pas mourir.

On disait cela sans penser que le temps en reviendrait.

Mais il y avait de mauvaises oreilles qui entendaient.

Téchéa, dont le nom a depuis signifié mauvais, pensait en lui-même à manger de la chair de l'homme et il en avait une mauvaise envie.

Tout petit il arrachait les fruits à son frère Kérou, dont le nom a depuis signifié bon, et il les mangeait devant lui ou les jetait quand il n'avait plus faim.

Téchéa parlait souvent à d'autres pareils à lui, et le vieux Koué (la marée montante) l'avertissait qu'il ne fallait pas chercher quelque chose de mauvais ; mais Téchéa riait devant le vieux (...).

Téchéa et Kérou avaient jeté le peigne de bambou à la belle Kaméa, si belle qu'on lui avait donné le nom du soleil.

Kaméa prit le peigne de Kérou avec ses fleurs et le mit dans ses cheveux, laissant à terre celui de Téchéa.

Kérou n'aurait pas fait comme pour les fruits, il aurait disputé Kaméa à toutes les tribus, car elle l'aimait aussi.

C'était l'igname des récoltes, on faisait le pilou près de l'endroit où le Diahot se jette dans la mer au pied de la montagne d'Arama.

Kérou, voyant que son frère n'avait rien dit, fut touché et alla vers lui, mais Téchéa se détourna et emmena tous les siens derrière les cocotiers.

On dansait, il faisait bon sous les arbres à voir briller les étoiles dans les branches.

Le vieux Koué rôdait inquiet : prenez vos sagaies, disait-il à ceux qui faisaient la ronde autour du pilou, il va se passer quelque chose ; mais on ne l'écoutait pas (...).

Par trois fois Koué dit : prenez vos sagaies, mais la première fois, on dansait, la seconde on chantait et la troisième il était trop tard, Téchéa et les siens étaient tombés sur la tribu (...).

Bientôt il ne resta plus de vivant que les femmes, les tout vieux qui étaient étendus sans pouvoir bouger, et les petits enfants.

Kérou avait eu la poitrine ouverte du premier coup.

On ne jeta pas de branches vertes sur les cadavres en signe de deuil, les méchants voulaient assouvir leur idée, on fit des trous avec des pierres brûlantes au fond, et on y mit les plus jeunes et les plus gras dans de grandes feuilles de bananiers. Téchéa avait attaché à un arbre avec des lianes Kaméa, qu'il avait prise pour lui,

il en voulait faire sa femme (...).

Les petits enfants ont grandi, leurs mères leur ont raconté le ouainth rouge et le vieux Koué, qu'on n'osait plus toucher parce qu'il était devenu un grand takatale leur racontait aussi. Mais rien n'y fit, l'homme avait goûté à la chair de l'homme, il avait bu du sang ; il en voulut toujours boire."

Louise Michel, Légendes et chants de gestes canaques, Les Editions 1900, 1988.

Une poésie paicï : la mort du chef Céu

"Pourquoi le pays est-il sombre
Qu'est ce qui ternit le soleil
Et vient noircir les éclaircies
Le jour hésite entre les nues
Sans pouvoir vaincre l'obscurité
Armons-nous contre les ténèbres
Cueillons le rameau du beau temps
Procurons-nous une herminette
Taillons l'arbre en bois d'érythrine
Le casse-tête couvert de piquants
La massue aux pointes redoutables
Le gourdin aux dards menaçants
Nous fracasserons les nuages
Nous lacérerons le brouillard
Les nuées fouettées s'envoleront
Vagabondes au gré des vents
Porteuses de signes aussi propices
Que le bon chapeau d'Acéwé
Pour frayer la route du beau temps
Calmer les vents sur le lagon"

Extrait d'une poésie de 232 vers dédiée à la mémoire du chef Céu. Son auteur serait Bwëë Atéa Pomä Gröditèè. Traduction d'Alban Bensa.

De jade et de nacre, Patrimoine artistique kanak, Réunion des Musées Nationaux, Paris, 1990

LE XIXème SIECLE

La découverte

Contrairement aux Nouvelles-Hébrides (actuel Vanuatu) découvertes dès 1606 par le navigateur portugais Ferdinand de Queiros, la Nouvelle-Calédonie resta à l'écart de la cartographie occidentale jusqu'à la fin du XVIIIème siècle. Certes, ceux qui, comme Tasman, puis Surville et Bougainville, avaient cinglé dans le Pacifique Sud, s'étaient, sans le savoir, approchés de ses côtes, mais ils ne l'avaient pas vu.

C'est donc l'Anglais James Cook, ou plus exactement son matelot Colnett, à la recherche de cette fameuse terre australe dont on parle tant à l'époque qui, le 4 septembre 1774, à bord du *Resolution*, aperçut le premier cette île verte et montagneuse. L'équipage jette l'ancre le lendemain dans le havre de Balade, au nord de la côte est et reçoit un accueil amical de la part des indigènes. Une courte expédition à l'intérieur des terres laisse présager des meilleures auspices, et Cook décrit de façon sympathique ce peuple d'horticulteurs-pêcheurs.

Les paysages lui rappellent ceux de la Calédonie écossaise, aussi baptise-t-il l'île Nouvelle-Calédonie. Après en avoir pris symboliquement possession au nom du roi Georges III contre un couple de porcs et de chiens (inconnus sur place), le Capitaine tente vainement de doubler par le nord-ouest. Les récifs l'obligeront à rebrousser chemin et à descendre le long du littoral est, ce qui l'amènera à une île de moindre dimension couverte d'araucarias. Elle se nommera dorénavant île des Pins.

R.V.

Le Français Lapérouse, sur ordre de Louis XVI, partit à son tour reconnaître ces contrées lointaines, mais on n'en sait guère plus. Ses navires *La Boussole* et *L'Astrolabe* engloutis ne furent retrouvés qu'en 1827 dans les Salomon. C'est finalement en 1792 que D'Entrecasteaux longea la côte ouest calédonienne et permit par ses relevés de tracer grossièrement une première carte de l'île. L'année suivante, son expédition met pied à terre à Balade. Mais, les autochtones, selon son récit, ne semblent pas être dans de bonnes dispositions, bien au contraire ! On réembarque bien vite, sans se douter que, deux mois plus tard, un naufrage allait ensevelir l'équipage.

R.V.

Dernier explorateur, Dumont d'Urville, en 1827, longe les îles Loyauté par l'est, avant de les circonvenir par l'ouest en 1840. Ces îles n'étaient d'ailleurs pas inconnues puisque les vaisseaux marchands britanniques avaient déjà mouillé là en route entre l'Australie et l'Asie. C'est à leurs équipages que l'on doit l'appellation Loyauté.

Le temps des missionnaires

La première étape de la colonisation, la découverte, étant parachevée, la seconde va immédiatement commencer. Les grandes missions d'évangélisation vont pouvoir aller à la pêche aux âmes. La Nouvelle-Calédonie compte, à cette époque, quelque 50 000 à 60 000 habitants. L'église catholique avec les pères maristes et la hiérarchie protestante avec la *London Missionary Society*, toujours en concurrence, s'empressent d'assurer leur influence sur place.

La première à tenter l'aventure fut la LMS qui envoya à l'île des Pins pour un court séjour le révérend Heath. Il laissa là deux de ses disciples samoans. A Maré, le chef Naisseline accueille bien les catéchistes polynésiens. Mais, en 1842, les Samoans sont tués à l'île des Pins.

Le Pape Grégoire XVI charge Mgr Douarre de propager la foi dans cette région du monde. En 1843, ce dernier accompagné de quatre missionnaires arrive à Balade où, en ce soir de Noël, il célèbre la première messe calédonienne. Grâce à l'aide des marins de la *Bucéphale*, les prêtres dressent la mission. Tout semble se dérouler comme de juste, les "naturels" acceptant bien cette présence. Il est vrai qu'ils considèrent ces hommes comme des dieux, puisque leurs navires viennent du ciel.

Le chef Bouarate

Un épisode malheureux allait néanmoins mettre fin à cette coexistence paisible. Quelques mois après leur arrivée, le R.P. Viard, averti de conflits entre tribus du côté de Hienghène, part à la rencontre du grand chef Bouarate et le convainc de renoncer à la guerre. L'accueil qui lui est réservé est des plus bienveillants et respectueux. Le chef l'invite dans sa case, lui présente sa femme et son fils. Le mariste parvient même à baptiser l'enfant. Le lendemain, une corbeille contenant de la chair humaine, don des plus

Les portraits des navigateurs français Jules Dumont d'Urville, 1790-1842 (ci-dessus) et Antoine d'Encastreaux, 1737-1793 (à gauche).

Frédéric Terrien

R.V.

L'île des Pins, où James Cook jeta l'ancre en 1774 et l'Astrolabe, le navire de Dumont d'Urville qui regagne ici le large (Gravure de Saint-Aulaire).

précieux, est servi au Père.

" Je fis comprendre au chef combien c'était chose horrible de se nourrir de la chair de ses semblables. Il me dit qu'il n'en savait rien mais qu'à l'avenir il n'en mangerait plus."

Finalement, en signe d'amitié, Bouarate offre à son hôte un champ d'ignames. Le Père Viard remercie et promet de revenir une fois le navire de ravitaillement venu pour témoigner à son tour de sa reconnaissance. Quatre mois plus tard, la famine assaille la région de Balade et le *Rhin* se fait attendre. Se souvenant du don de Bouarate, le mariste repart à Hienghène pour rapporter les tubercules, que les indigènes s'empressent de récolter et de lui entasser sur sa barque. De retour à la mission, la corvette qui s'était tant fait désirée arrive enfin avec force provisions. Les maristes, au lieu de distribuer les vivres, constituent des réserves, tandis que le R.P. Viard rappelé par l'Eglise repart en France, sans avoir tenu sa parole. Il n'est pas retourné remercier Bouarate. L'entente cordiale est bien rompue. L'épidémie de peste qui fait des ravages dans la population confirme dans la croyance des canaques la malignité des prêtres, qui, lors de l'extrême onction, répandent la mort. Des pillages s'ensuivent jusqu'à ce que la mission quitte Balade en 1847.

De retour sur le territoire en 1848, les missionnaires voulant s'implanter de nouveau dans la région apprennent qu'un équipage a été massacré et mangé à Balade. Ils se réfugient à Pouébo, mais les révoltes canaques les obligent finalement à rallier Sydney.

Les santaliers anglais ne restent pas inactifs pendant l'absence des maristes. Tout au contraire, pour s'approprier le bois précieux, ils mènent une opération de charme auprès de Bouarate et vont jusqu'à l'amener deux fois en Australie. Il sera acclamé sous le titre de "Roi de la Nouvelle-Calédonie". En 1854, le grand chef, surnommé "le basset" du fait de ses jambes courtes, doit se faire prier pour accepter de se soumettre à la France devant Tardy de Montravel. Trois ans plus tard, un nouveau groupe de catéchistes se présente à Hienghène. On les tuera. Les autorités excédées décident alors de déporter le chef Bouarate à Tahiti. On l'attire par la ruse à bord d'un navire. Son exil devait durer sept ans.

Pendant son absence, les tribus de Hienghène déclarent la guerre à l'occupant et seront très durement réprimées. A son retour, Bouarate changera d'attitude vis-à-vis des autorités et restera à l'écart de la rébellion de 1878.

Quant aux missionnaires, après avoir trouvé refuge dans un établissement d'un

Les îles de Maré et de Lifou devinrent des dépendances de la Nouvelle Calédonie en 1864.

certain James Paddon, au sud des Nouvelles-Hébrides, ils choisissent de s'implanter sur l'île des Pins. Les protestants ont de leur côté bien pénétré les îles Lifou et Maré.

La prise de possession

Ce n'est que le 24 septembre 1853 que l'Empire, représenté par le contre-amiral Auguste Febvrier-Despointes, prend possession de la Grande-Terre. La cérémonie a lieu à Balade en présence d'un détachement militaire, des missionnaires et d'autochtones. Vingt et un coups de canons sont tirés, tandis que le drapeau français est hissé. Quatre jours plus tard, le chef Vandegou des Kunié de l'île des Pins fait à son tour allégeance à la France.

En fait, l'intérêt impérial pour cette terre du bout du monde était lié, non pas à un motif colonial, mais à une question de politique intérieure. On cherchait à l'époque un site propice à l'installation du bagne. Certes, on retint dans un premier temps la Guyane, plus proche. Mais, ce n'était que partie remise. La décision de faire de la Nouvelle-Calédonie une colonie pénitentiaire sera officialisée en septembre 1863.

En 1854, Tardy de Montravel poursuivit, à bord du Constantine, l'entreprise de Febvrier-Despointes, en allant faire reconnaître à tous les chefs de tribu la souveraineté française.

Les îles Loyauté ne devinrent des dépendances de la Nouvelle-Calédonie qu'en 1864 (Lifou et Maré) et en 1865 (Ouvéa). La concurrence entre pasteurs protestants et prêtres catholiques entraîna sur place des guerres fratricides.

La création de Port-de-France

Montravel décida rapidement de créer un autre poste militaire (en plus de celui de Balade). Il choisit le site de Noumea, pour ses belles rades mais aussi à cause de la présence voisine d'un établissement européen. En effet, l'aventurier James Paddon, las du climat d'Anatom, avait négocié auprès du chef Kuindo l'occupation de l'île Nou. Ainsi, depuis 1852, ateliers de réparation, comptoirs et magasins faisaient travailler une soixantaine d'Européens et des indigènes. Les vaisseaux y faisaient relâche avant de rejoindre Sydney. Dans le Pacifique Sud, un drôle de commerce triangulaire prévalait : ferrailles, petits outils et pacotilles pour les naturels, santal pour les chinois, thé pour les australiens.

Bien que britannique, James Paddon sut à merveille composer avec les administrateurs français. Ses ouvriers prêtèrent main forte à la construction du fort Constantine, puis ses bœufs nourrirent la petite communauté militaire.

Le gouverneur du Bouzet continue les travaux d'aménagement de Port-de-France. La tâche est ambitieuse dans cette presqu'île marécageuse infestée de moustiques, mais chacun y met du sien. Après les premiers temps difficiles, les années 1860 annoncent une ère plus tranquille. Une école de sœurs est créée, mais aussi l'Albion-Hôtel de Monsieur Paddon et une chapelle pour le R.P. Rougeyron. Les rues ont des noms de victoires impériales, même si les habitations restent très rudimentaires. Des théâtres et cabarets distraient un peuple de célibataires.

Le pénitencier

Dès son arrivée en Nouvelle-Calédonie, du Bouzet avait sympathisé avec l'Anglais Paddon. Très vite aussi, il avait repéré l'île Nou toute en bosses qui fermait la rade de Port-de-France. Chargé d'installer un bagne par le gouvernement français, il trouve cet îlot idéal, mais il faut convaincre Paddon de l'abandonner. Celui-ci accepte finalement facilement de céder son fief contre une belle concession au pied du mont Mou.

Il ne s'agit plus alors que de construire les installations devant abriter les premiers forçats et leurs surveillants.

En 1862, le gouverneur Guillain continue la mission de son prédécesseur. Sa devise est claire : civiliser, produire, réhabiliter.

Le 9 mai 1864, M. Guillain reçoit le premier convoi de "bagnards". Ces "ouvriers de la transportation" comme il les appelle seront habillés d'un pantalon et d'une veste blanche et chapeautés de paille. Conduits sur l'île Nou, ils devront édifier eux-mêmes leurs casemates. Avec le deuxième arrivage, le pénitencier s'agrémente d'une chapelle, d'ateliers, d'une scierie mécanique, d'un hôpital et même d'un jardin pour le directeur.

Si le gouverneur Guillain croyait mordicus à la régénération, la réalité n'était pas si enchanteresse. Ces repris de droit commun étaient répartis en quatre classes. Tout en bas de l'échelle de l'obéissance, les incorrigibles étaient eux-mêmes divisés en quatre

Le pénitencier de l'île Nou ou vont être installés les forçats embarqués sur la sibylle et l'établissement de colonisation pénitentiaire à Bouraï.

R.V.

catégories : les sans-chaînes, les avec-une-chaîne, les doubles-chaînes et les accouplés. La *Sibylle* avait amené dans ses flancs la guillotine et l'ignoble Massé, bourreau cruel et alcoolique. Il sema la terreur pendant de longues années. Les exécutions publiques n'étaient pas rares, ni les tortures. Au camp Brun, à une centaine de kilomètres de Nouméa, on était en plein enfer, et pour y échapper les condamnés n'hésitaient pas à se mutiler.

L'arrivée régulière de nouveaux transportés (de 1864 à 1897, 70 convois acheminent plus de 20 000 proscrits) obligea rapidement à décentraliser la pénitentiaire. Des antennes agricoles furent donc créées à Ourail, Canala et Bourail, mais se soldèrent sur le plan productif par des échecs.

Les meilleurs sujets allaient travailler en ville ou étaient "réquisitionnés" pour être au service de colons sucriers ou mineurs. M. Gaultier de la Richerie poussa encore plus loin cette utilisation civile des prisonniers en créant le corps des "assignés", qui devint une main d'œuvre très économique de serviteurs, valets, nounous, surnommés génériquement les "garçons de famille". Les plus musiciens d'entre eux fondent une fanfare, la "fanfare de la transportation" qui, chaque dimanche dans le kiosque de la place des cocotiers, divertit les Nouméens.

Les déportés de la Commune

Une nouvelle vague de déportés, politiques cette fois, débarqua en Nouvelle-Calédonie à partir de 1872. Après la Semaine sanglante, les Versaillais avaient mâté la Commune et fait plus de 40 000 prisonniers. 10 000 seront condamnés, 5 000 promis à la déportation à "la Nouvelle". Entre 1872 et

Cet ancien forçat devint, au début du siècle, planteur dans la région de Nouméa.

1878, on comptera une vingtaine de convois. Au total, 4 166 politiques séjourneront dans la colonie pénale, dont 23 femmes.

Les nouveaux venus étaient dirigés, en fonction de la gravité de leur peine, soit à l'île des Pins, soit dans l'enceinte fortifiée de Ducos, soit encore à l'île Nou (pour une minorité d'entre eux).

En effet, il avait fallu trouver un nouveau lieu d'internement pour ces milliers de condamnés. L'île Nou était trop exiguë. La Chambre des députés avait choisi l'île des Pins. Le gouverneur de La Richerie devait procéder à l'évacuation des tribus. La fille du chef Vandegou qui avait adopté la foi catholique et se faisait appeler Hortense, supplia l'administrateur de respecter leur territoire. Les Canaques refusaient de partir. On arriva finalement à une solution de compromis : la côte orientale fut laissée aux îliens, la côte occidentale réservée aux déportés.

Habillés de l'uniforme des forçats, que certains récusaient, les politiques s'installèrent dans l'une des quatre communes de la déportation à l'île des Pins ou l'une des deux de la presqu'île Ducos.

Le voyage qui durait cinq mois dans des conditions très pénibles (batteries-cages, à peine plus d'une heure de sortie journalière sur le pont, privations) affaiblissait jusqu'aux plus robustes, ce que nous rapporte avec humour le déporté Joannes Caton :

"Pourtant ce que nous avons l'air malade, nos traits sont hâves, nos visages maigres à teinte cadavéreuse, nous sommes affaiblis à ne pouvoir tenir debout ! Nous ressemblons à un hôpital en cours d'évacuation." Journal d'un déporté 1871-1879

Très vite, les politiques, férus de principes démocratiques, s'organisent et fondent des mairies avec conseil municipal. A la presqu'île Ducos, en dehors des appels, les *blindés* ont la roue libre dans un périmètre défini par un chemin de ronde. Ici comme à l'île des Pins, on se construit des maisons, on travaille, quand l'offre le permet, à la construction des routes, d'un aqueduc, on fabrique des meubles, on plante des légumes (choux, potirons) dans son jardinet, on prend des bains de mer, on pêche, on se promène, on étudie la nature environnante, mais surtout, on s'ennuie ferme. L'oisiveté pèse d'autant plus que les conditions de vie sont précaires : la ration alimentaire est maigre et monotone, le vin est cher, les loisirs, en dehors des jeux de carte, sont inexistants. De nombreux déportés simples espèrent avoir l'autorisation de travailler à Nouméa. L'architecte Ballière comme Allemane font parti de ces heureux élus. Henri Messager attendra en vain. Dans le cadre de la colonisation agricole, certains de ces prisonniers exemplaires obtiendront gratuitement des concessions de l'administration à charge pour eux de les mettre en valeur, mais leur manque d'expérience les ramena souvent à l'île des Pins.

Quant aux femmes, le témoignage du déporté Henri Messager, sans doute un peu prude, est limpide à ce sujet :

"Sans rien farder, je te répète ce que je t'ai dit déjà, il y a environ 30 femmes ici sur lesquelles 25 à peu près servent à plus de 500 hommes, et cela sous les yeux des maris qui ne possèdent plus qu'un vingtième de leur moitié."

Néanmoins, certains déportés font venir leur famille de métropole (l'article 7 de la loi de la déportation autorise la venue des femmes et des enfants à la condition que les déportés soient en mesure dans un délai de deux ans maximum de subvenir aux besoins de leur famille ; l'Etat prend en charge les frais de transport et distribue pendant cet intermède des secours alimentaires). Le 23 octobre 1873, le *Fénelon* amène ainsi 235 épouses et enfants, dont 103 iront rejoindre leur mari à Nouméa, 97 se rendront à l'île des Pins et 35 à la presqu'île Ducos. Un souffle nouveau redonne vie à la petite colonie de proudhonniens, blanquistes et autres idéalistes : des enfants naissent, une école se monte, des boutiques vendent un bric-à-brac de choses allant du tabac aux casseroles.

"Tu ne te figures pas bien ce qu'est une boutique montée ici. La meilleure peinture que je puisse t'en faire, c'est de joindre Potin au bazar de Bonne Nouvelle, en petit petit par exemple. Il y a tout chez un épicier comme moi : tabac, vin, batterie de cuisine, étoffes, etc."Henri Messager, *Lettres de déportation.*

Les jours de paye du Génie civil sont l'occasion d'une vaste griserie. Histoire d'oublier qu'on est loin, très loin de sa patrie. Les jours de distribution du courrier et des colis, une fois par mois, l'émoi est à son comble. Chacun prie pour que son nom soit cité.

La vie continue bon gré mal gré. Après l'évasion réussie de Rochefort, la surveillance se resserre : les politiques partis à Nouméa sont rapatriés à l'île des Pins, les baignades interdites, le courrier ouvert et censuré. Les exilés rêvent de l'amnistie. Des rumeurs circulent. Des grâces et remises de peine nominatives libèrent quelques centaines de communards, mais la traque aux contumaces continue. D'autres risquent l'évasion malgré les requins du lagon, les sentinelles et les Canaques. Beaucoup sont repris et sévèrement punis ; quelques uns réussissent, comme Coutouly embarqué sur le courrier faisant le service postal de Sydney à Nouméa, et ce alors même qu'il avait pour compagnon de voyage le gouverneur Gauthier de la Richerie !

Les saisons passent. En 1878, la grande révolte canaque bouleverse un temps la monotonie des jours. Nombreux sont ces hommes épris de liberté et d'égalité à se porter volontaires pour mâter la rébellion. Très peu d'entre eux, en dehors de Louise Michel, se sont intéressés à ce peuple des antipodes. Il est vrai que certains Canaques n'hésitaient pas à les molester ou à dénoncer une tentative d'évasion. L'administration n'avait pas hésité à constituer une police indigène, qui, pour chaque arrestation d'un évadé, percevait une prime.

Alors qu'en 1879 la grande majorité des détenus avait été graciée, environ 1100 communards, considérés comme des criminels et des voleurs, restaient toujours exilés à la Nouvelle. L'amnistie pleine et entière allait enfin venir par une divine surprise des urnes. Dans la propre circonscription du Président de la Chambre Gambetta, le 20ème arrondissement, Alexis Trinquet est élu au conseil municipal en 1880. C'est un déporté condamné à la double-chaîne pour avoir voulu prendre le large. Sous la pression de la gauche et des "Calédoniens" de retour en métropole, Gambetta opte finalement pour l'amnistie plénière qui sera votée à l'assemblée le 18 juin 1880. L'heure du retour avait sonné. La plupart des déportés, sauf les décédés (on compta des dizaines morts, dont témoigne encore le cimetière de déportés sur l'île des Pins), firent avec délice le voyage en sens inverse. Très peu décidèrent de rester.

Les Arabes

Autres compagnons d'infortune, les Arabes, ou plus exactement les Kabyles. En effet, en 1871, le gouvernement Thiers s'était heurté dans sa colonie algérienne à une rébellion menée par le bachaga Mohammed el-Mokrani. Après sept mois de guerre, les forces françaises avaient remporté la victoire et fait prisonniers les chefs de guerre. Enfermés au château d'Oléron, ils rejoignirent leurs anciens codétenus en octobre 1874 et janvier 1875. Au total, 90 Arabes s'installèrent dans la cinquième commune de l'île des Pins. Leur vie ressemblait fort à celle des communards. A la fin de leur peine, nombreux choisirent de rester dans cette nouvelle terre et se regroupèrent dans la vallée du Nessadiou.

A partir de 1889, un nouveau flot d'Arabo-Berbères (plus d'un millier d'hommes et de femmes) est expédié en Nouvelle-Calédonie. Les survivants rejoindront ceux installés dans la vallée de Nessadiou.

Jean-Pierre Aïfa, élu maire de Bourail en 1977, descendait d'ancêtres kabyles et d'une grand-mère réunionnaise. Ils imprimèrent à la vie locale un certain art de vivre, où se mêlaient dattes, chéchias, piments et des ribambelles d'enfants aux yeux noirs.

Les relégués

A partir de 1885, une nouvelle catégorie de condamnés fait voile vers la Nouvelle-Calédonie. Il s'agit des "relégués", mendiants et délinquants des faubourgs, petits récidivistes condamnés à l'exil pour débarrasser la France de cette "lie". Remplaçant les déportés à l'île des Pins, ils ont le droit de vagabonder librement dans la colonie. Nomades, ils errent dans la brousse calédonienne, braconnent et pillent. A Nouméa, ils font régner un climat d'insécurité et un parfum de mauvaise vie. Tripots et bouges animent les nuits glauques du port.

La colonie vise d'un très mauvais œil cette masse de fauteurs de troubles, qui, à la différence des forçats qui participent à la réalisation des grands travaux, aux chantiers des mines et à la mise en valeur des champs pour un salaire ridicule, ne contribuent en rien à l'enrichissement du territoire. La colère gronde, et les journaux ne cessent de rapporter les méfaits de ces indésirables.

En 1894, la nomination du gouverneur Feillet mettra un terme à cette hémorragie nuisible. En professant dès son arrivée "Il faut donc fermer ce robinet d'eau sale", Feillet s'attire la sympathie des colons libres. A partir de 1898, plus un condamné ne sera débarqué à la Nouvelle.

Le pénitencier allait pouvoir mourir tristement, au fil des décès de ses derniers occupants.

Les transportées

Un mot encore pour parler du bagne. Cette fois, il s'agit de l'autre sexe, celui des femmes, car la peine de la transportation (à la différence de celle de la déportation) n'est applicable qu'aux hommes. Pourtant, des femmes prisonnières célibataires acceptèrent de venir à la Nouvelle chercher un époux parmi les libérés. En effet, après l'afflux de condamnés, la colonie se voyait cette fois débordée par le nombre sans cesse croissant de libérés, que la loi obligeait à rester sur le territoire pour une période équivalente de leur peine, ou *ad vitam æternam* pour ceux ayant été condamnés à huit ans ou plus.

A l'origine de cette initiative généreuse, le gouverneur Pallu de La Barrière, qui avait suscité d'énormes espoirs lors de sa nomination en 1882. Son discours plus humain tentait de relancer l'œuvre de régénération qui était l'ambition première du bagne. A la politique du bâton, il substituait celle de la carotte et proposait du même coup d'enrichir la jeune colonie de nouvelles familles. L'idée était simple : Pallu voulait implanter les anciens ou les plus sages transportés dans les campagnes calédoniennes encore largement vierges de toute présence européenne. Mais pour que l'opération de colonisation soit durable, il fallait y envoyer non des individus mais des couples qui y feraient souche. On fit donc venir les épouses volontaires. Quant aux hommes seuls, ils auraient à choisir leur moitié parmi un lot d'internées réunies au dépôt de Cluny.

Une fois marié, le couple avait droit à une concession, à des outils, des semences et des provisions. A charge pour eux de mettre en valeur leur parcelle. On critiqua beaucoup l'expérience, qui se solda souvent par des échecs et des retours au pénitencier. Pourtant, quelques foyers firent souche à Bourail, à La Foa ou à Ouegoa et devinrent un solide noyau des petites communautés européennes. Les autres, incapables de subvenir honnêtement à leur besoin, firent de menus larçins afin de se retrouver à l'abri de la pénitentiaire, logés et nourris gratuitement !

La colonisation libre

Au tout début de l'histoire de cette nouvelle colonie, et avant même que la France en prenne officiellement possession, des hommes, aventuriers de tout poil, vieux bourlingueurs, chasseurs de baleines, chercheurs d'or avaient décidé d'y faire halte. Drôle de population, en vérité ! Cosmopolite, intrépide, indépendante, faisant fi des préjugés et des autorités, elle se mêle volontiers aux indigènes, marie ses filles aux fils de chefs, s'éparpille dans les îlots ou au nord de la Grande-Terre, installe des comptoirs, fait du trafic en tout genre allant des coraux au santal.

De ces premiers venus, restera une ribambelle de métis fiers et imprévisible.

Ce n'étaient pas ces marginaux de grand chemin qui allaient établir stablement la Nouvelle-Calédonie. De cela les premiers gouverneurs en furent convaincus. Une urgence s'imposait donc : parallèlement à l'émergence de la colonisation pénale, il fallait rapidement entraîner sur l'archipel océanien des citoyens honnêtes et travailleurs, voire si possible des foyers entiers. Rude mission, s'il en était, à 20 000 lieues de Paris !

Néanmoins, au fil des décennies ce noyau initial de colons réussit à se constituer par vagues successives. Il y eut tout d'abord les colons Paddon, que le santalier avait trouvé

Pilou-Pilou, la danse rituelle des Canaques.

en Australie abattus et déçus par le mirage aurifère. Allemands pour la plupart, ils suivirent ce capitaine dynamique et vinrent semer haricots et potirons à Païta. Une véritable petite communauté germanique aimant la bière et les contes de Haensel et Gretel naquit à deux pas des tarodières canaques.

En 1862, le gouverneur Guillain, fervent saint-simonien, mit à l'épreuve ses convictions en envoyant à Yaté à la pointe extrême-sud de la Grande-Terre, autant dire au bout du monde, une vingtaine de paysans, bretons pour la plupart. Communautés hippies du Larzac avant la lettre, le phalanstère établissait de nouvelles règles de vie : partage du travail, liberté sexuelle, séance de réflexion, fonds de retraite... Mission ambitieuse et généreuse certes, mais la réalité ressemblait plus au déluge qu'au paradis et ce fut un fiasco. La vétusté devint misère, le retranchement, l'exil, les amitiés, jalousies, les rêves, amertumes. Le phalanstère tomba dans l'abandon, ses hommes dans l'oubli.

Heureusement, les colons ne connurent pas tous ce triste sort. Bientôt arrivèrent de l'île Bourbon des sucriers qu'une mystérieuse épidémie sévissant sur les cannaies contraignait à chercher fortune ailleurs. Qu'à cela ne tienne, en quelques enjambées méridiennes, ils iraient planter leurs cannes dans la dernière-née des possessions françaises. Des dizaines de familles quittèrent donc les montagnes réunionnaises pour retrouver celles de Nouvelle-Calédonie. L'effervescence est contagieuse. Les plaines se transformèrent en un onctueux tapis verdoyant ; des moulins élevèrent leur silhouette de pierre. La production augmenta. La colonie trouva sa vocation... ou plutôt, cru l'avoir trouvé. Car, bientôt, un gigantesque nuage de sauterelles s'abattit sur l'île. Certains perdront dans l'aventure tous leurs biens, d'autres comme Higginson seulement quelques plumes caramélisées.

Décidément, l'implantation coloniale n'est pas chose aisée dans cette brousse canaque. Après la défaite de 1870, quelques patriotes d'Alsace-Lorraine préférèrent l'exil à la soumission. Ils débarquèrent donc à Nouméa, pleins de bonne volonté et de courage. Le gouvernement leur céda des terres qu'ils s'empressèrent d'exploiter formant avec les anciens combattants de l'Empire une petite communauté très attachée à ses origines. Aujourd'hui de nombreux "Caldoches" descendent de ces paysans durs au labeur.

Ces quelques embryons de colonisation, soutenus et, paradoxalement, ralentis par la colonisation pénale, ne permettaient en aucun cas de parler de large présence française sur le territoire. Les Canaques formaient alors la très grande majorité de la population, les condamnés et les militaires presqu'entièrement le solde. Les civils, et plus particulièrement les broussards, constituaient une maigrichonne portion congrue. Il est vrai que les freins à la venue d'honnêtes citoyens ne manquaient pas. Outre l'éloignement et la pénibilité de la traversée, il y avait la mauvaise réputation de "la Nouvelle", prison grandeur nature des criminels et délinquants, mais aussi la méfiance vis-à-vis d'indigènes anthropophages prompts à la rébellion. La révolte de 1878 allait laisser une empreinte indélébile dans les consciences collectives et individuelles.

La mine

Ile infiniment verte, escarpée, tour à tour pluvieuse et ensoleillée, cyclonique à ses heures, la Nouvelle-Calédonie avait attiré dès sa découverte des prospecteurs en tout genre obsédés par les filons et les veines. On avait vu des chercheurs d'or que quelques paillettes d'or avait laissé sur leur faim. Le gouverneur envoya même un géologue, un certain Jules Garnier, examiner le potentiel aurifère de son territoire. Son compte rendu fut des plus décevants de ce point de vue là. Pourtant, une brève annotation sur un étrange minerai vert allait rendre célèbre son auteur, et épisodiquement riche la colonie. La garniérite, qu'un colon, M. Coste avait pris la peine de faire analyser, n'était autre que le nickel, un métal très demandé par l'industrie mondiale.

Aussitôt, un vent de folie balaya la colonie. Tout un chacun voulut se lancer dans l'aventure. Et l'incontournable Higginson en premier chef. Une flopée de prospecteurs partit à la conquête de ces richesses ensevelies quelque part dans cette Chaîne sauvage. Courbés sous la brûlure du soleil, ils sondaient le sol à longueur de journée, chargeaient sur leur dos des sacs du précieux caillou, dormaient

à la belle étoile ou sous un abri précaire. Leurs mines, surnommées bosses, avaient des noms insolents, "Fridoline", "Bel Air", "Sans-culotte" ou "Damoclès". Leurs figures font partie du panthéon calédonien.

Bientôt, le capital allait se mêler de l'affaire, qu'il sentait juteuse. L'un s'appelait Higginson, l'autre Hanckar. Très vite l'Irlandais avait flairé le vent et s'était associé à un notable australien pour investir dans le secteur de la mine. L'empire Rothschild avait même envoyé un homme d'affaires avisé. Tout tourne donc pour le mieux et Higginson peut jouir pleinement des réceptions de la jet set nouméenne. La mine de "Bel Air" qu'il avait rachetée rend bien, un filon de cuivre promet au Nord.

Les guerriers canaques vers 1870-1880.

R.V.

En 1875, le Hollandais Hanckar vint lui faire une rude concurrence sur le plan commercial avec ses installations à Boa-Kaine puis à Thio. Il mène grand train de vie avec pur-sangs, chemise empesée, serviteurs enturbannés dans sa villa clodoaldienne perdue en brousse.

Affairistes avertis, ces deux potentats de la Mine décident d'unir leurs efforts pour construire la première usine de fusion de l'île. Ce fut chose faite en 1877, juste au moment où un surstockage entraînait la chute des cours et la première crise minière de la colonie. Faillites et déroutes financières attinrent plus d'un établissement. Aussitôt, les deux H, comme les surnommait la colonie, s'associent, et créent, en 1880, avec le baron Rothschild, la Société Le Nickel. L'Etat S.L.N. était né...

La vie des Canaques et la révolte de 1878

Alors que la vie européenne prenait tournure, retrouvait ses repères avec sa ville commerçante, ses paysans acharnés, ses familles nombreuses et ses journaux régionaux, les Canaques voyaient, quant à eux, leur espace vital dangereusement diminué, leurs coutumes blasphémées, leurs cultures piétinées, leurs chefs exilés ou emprisonnés... La liste est longue des doléances de ce tiers état négligé.

Les recensements successifs montrent le déclin rapide de cette population malmenée, décimée par la variole, les oreillons ou la syphilis, et dont les femmes sont enlevées par les Européens en manque de compagnie : des 50 000 à 60 000 au départ, ils ne sont plus que 30 000 en 1860, et 23 000 en 1877.

Dès le début, des incidents entre Européens et Canaques avaient éclaté sporadiquement, faisant frémir de peur les colons, et entraînant des représailles disproportionnées contre les tribus. Il y eut les soulèvements à la fin des années 1850 du côté de Hienghène, il y eut de nombreux morts dans la vallée des Colons, puis en 1865, les équipages de la *Reine des îles* et du *Secret* furent massacrés à Gatope.

Il faut dire que les bases de la colonisation étaient ambiguës, puisqu'à côté des réserves instituées pour garantir les domaines indigènes (décret du 1er octobre 1859), les colons pouvaient faire paître leur bétail. Peu soucieux du cadastre, celui s'empressait d'aller dévorer les belles plantations du voisin, feuilles d'ignames et de taros. Ainsi naissaient les premières pommes de discorde, suivies bientôt de l'accaparation pure et simple des terres canaques. Chaque intermède sanglant servait de prétexte à la confiscation des terres tribales. L'administration toujours avide de nouvelles terres où installer les pénaux fut la première à mordre sans vergogne dans le territoire canaque. Vers 1870, la pénitentiaire détient 110 000 hectares. Les stations, fermes d'élevage et de culture, monopolisent les meilleurs sols et rejettent les tribus vers des terres plus pauvres, sans autre acte d'achat qu'un peu de tafia ou d'étoffes. Enfin, pour combler le tout, le gouverneur décide de réquisitionner des insulaires et de les affecter aux travaux de voiries.

Cette fois, la coupe est pleine. Il suffira d'un incident d'apparence mineure pour déclencher une guerre généralisée qui marquerait à tout jamais la Nouvelle-Calédonie. A l'origine donc, une histoire de femme : une indigène vivant en concubinage avec un forçat libéré, des hommes de sa tribu tuent celui qui les a déshonoré ainsi que sa compagne et son enfant. On arrête les chefs de la région Bouloupari-La Foa pour obtenir le nom des assassins, mais en vain.

Le 23 juin 1878, le poste militaire de La Foa est attaqué, quatre gendarmes tués, trente-neuf civils massacrés à coups de

Collection J.-M.R.

Un fier guerrier canaque au début du siècle.

casse-tête, de haches, de sagaies ou de frondes. La population européenne est saisie d'effroi ; elle ne comprend pas cette soudaine révolte, car depuis plus de dix ans, les tribus sont calmes, résignées au point qu'on semble les oublier tout à fait. Le réveil est donc brutal. A l'arrivée des rescapés, à l'écoute de leurs récits, on veut en finir une fois pour toutes avec ces sauvages. On se propose de les exterminer, ou au mieux de les déporter en masse. On se constitue volontaire pour former une milice. Seul, le nouveau gouverneur, le capitaine de vaisseau Jean Olry, garde la tête froide et conçoit une stratégie de contre-attaque qui s'avérera payante. Il est intimement persuadé qu'il ne s'agit pas là d'un cas isolé. Un tel embrasement ne peut être que la résultante d'une stratégie mûrement réfléchie. Il faut donc y répondre avec ruse et méthode ; il enverra dans chacun des foyers insurrectionnels (à Ourail et à Bouloupari) des colonnes mobiles sous le commandement respectif de Gailli-Passebosc et de Joux ; il chargera le lieutenant Servan de rallier à la cause française les tribus neutres.

Pendant sept mois, les conflits mirent à feu et à sang ce petit coin de terre. Les Canaques, avec l'aide des sorciers et des ancêtres, ne se laissaient pas faire. Habitués avec les grands pilous à prévoir longtemps à l'avance certains événements, les chefs des tribus, convaincus par le chef Ataï, avaient utilisé leur sens de l'organisation à la préparation de la vengeance. Des messagers avaient été envoyés pour demander le ralliement de tel ou tel pays, des champs d'ignames et des tarodières cultivées dans les replis secrets de la Chaîne centrale, des armes à feu subtilisées, les habitations des Blancs repérées. Bien que la rébellion ait commencé avant la date fixée (le 24 septembre, date anniversaire de la prise de possession qui regroupait tous les colons à Nouméa et de nombreux Mélanésiens en tenue de combat), ils réussissent une vraie guerre de guérilla, se repliant dans la forêt à l'approche des militaires. Gailli-Passebosc fut tué en juillet. Mauvaise nouvelle pour les Européens contrebalancée par le ralliement des Canala à la France. Le 1er septembre, le chef Ataï est démasqué par les troupes de Nondo et exécuté à coups de hache. La tête de l'insurrection est coupée, au sens propre (on l'expédiera même à la Société d'Anthropologie de Paris) comme au sens figuré. En septembre-octobre, de nouvelles tribus (à Moindou, Bourail et Koné) se soulèvent. Les colons fuient. Les soldats, quant à eux brûlent tout sur leur passage, enlèvent les femmes et les enfants pour les donner aux tribus "loyales". Après Canala, de nouveaux pays se rallient à la France, ceux de Houaïlou, de Kouaoua et de Koné, d'autres comme les tribus de Hienghène ou du sud restent neutres. A partir de novembre, les troupes gouvernementales prennent l'ascendant. En janvier, le successeur d'Ataï, le chef Naïna est capturé et mis à mort. Au cours du premier trimestre 1879, il n'y aura plus que quelques surbresauts canaques, alors que le rouleau compresseur de la répression est lancé. Les rebelles qui se livrent sont exilés, ceux surpris les armes à la main exécutés.

Le bilan de la révolte d'Ataï est bien lourd : 1 400 morts au moins, dont 200 Européens, un millier de Canaques exilés pour la plupart à l'île des Pins. Mais ce bilan sommaire ne rend pas compte de la chaîne d'humiliations que les tribus auront à subir, ni du profond désespoir dans lequel les plonge l'abandon des ancêtres qui ne les ont pas mené à la victoire. Cette défaite les a dépossédés jusqu'au plus profond de leur âme.

L'évasion d'Henri Rochefort

"Le 20 mars 1874, Jourde, Rochefort, Paschal Grousset, Ballière, Olivier Pain, Granthille s'échappèrent de la Nouvelle-Calédonie. L'évasion fut très habilement préparée et conduite par Jourde et Ballière, depuis six mois employés à Nouméa. Un interprète, Wallenstein, les avait mis en rapport avec le capitaine du navire australien P.C.E. qui acceptait de prendre un ou deux déportés pour le prix ordinaire, 250 francs par passager. Jourde et Ballière qui possédaient la somme voulurent associer des camarades à cette chance de salut. Ils virent à la presqu'île Ducos, Rochefort, Paschal Grousset, Olivier Pain et l'on proposa au capitaine de sauver tout ce monde moyennant 10 000 francs dont 1 500 comptant, le reste à l'arrivée en Australie. Jourde s'adjoignit Granthille qui allait tous les jours, en canot, porter pour le compte d'un commerçant de Nouméa des provisions à la presqu'île, sut négocier une traite de 1 200 francs souscrite par Rochefort et, dans la nuit du 19 mars, vint avec Ballière et Granthille, à travers la rade obscure, chercher les autres camarades près d'un petit îlot où il leur avait donné rendez-vous. Après de nombreuses difficultés, l'embarcation aborda le P.C.E. qui appareilla le lendemain. Sept jours après, les fugitifs arrivaient à Newscatle et Rochefort télégraphiait à Edmond Adam pour demander 25 000 francs. Par les soins de Gambetta une souscription fut organisée entre intimes et Georges Périn alla à Londres expédier les fonds télégraphiquement. Les fugitifs purent rentrer en Europe."

P.O. Lissagaray, *Histoire de la Commune de 1871,* Librairie contemporaine de Henri Kistremaeckers, Bruxelles, 1876.

En Australie, les évadés furent reçus comme des héros. En France et en Angleterre, très vite, la nouvelle se répandit, la presse s'en faisant l'écho. De retour en Europe, on les ovationne, on se délecte encore et toujours du récit de leur échappée belle, on s'insurge contre le sort réservé à ces patriotes du bout du monde. Zola prend fait et cause pour eux, Manet peint une toile de l'aventure (aujourd'hui exposée au musée d'Orsay).

Louise Michel, la "vierge rouge"

Louise Michel, née au fin fond de la Champagne et de la Lorraine de l'amour d'une servante et d'un châtelain éclairé, connut un sort exceptionnel. Cette enfant vive et passionnée, cette institutrice dévouée, adorée des enfants, devint en ce printemps enflammé de 1870 une révolutionnaire active à la tête des ambulancières de la Commune. Disciple de Théophile Ferré, elle est arrêtée et condamnée à l'enceinte fortifiée à la Nouvelle. Elle y débarque, avec son amie socialiste Nathalie Lemel, le 10 décembre 1873. Dès son arrivée, toutes deux s'opposent à la volonté du gouverneur Gauthier de la Richerie qui prévoyait d'envoyer les femmes *blindées* à Bourail dans un camp féminin. Elles obtiennent gain de cause et partageront le sort de leurs frères de lutte au camp de Numbo, avant d'être reléguées sur ordre de Gouverneur dans la baie de N'Gi.

R.V.

R.V.

Le massacre du libéré Chêne, de sa femme canaque et de ses deux enfants et, la courageuse riposte du surveillant Leca après le massacre de sa femme et de ses enfants (dessin de G. Jamet).

Louise Michel force l'admiration de ses co-détenus. Par son courage, sa bonté, sa patience. Henri Bauër, dans *Mémoires d'un jeune homme*, témoigne de cette aura :

"L'autre, une institutrice, Louise Michel, âgée d'environ trente ans (en réalité elle avait quarante-trois ans en 1873 !). Elle a la bonté angélique, l'inaltérable douceur, la patience inépuisable, le dévouement, l'abnégation d'une sainte. D'indulgence sans bornes, favorable à tous, elle soigne et console les malades ; elle offre aux hommes l'exemple du courage et du calme. (...)Sa bonté souveraine qui embrassait toutes les créatures humaines s'épanchait aussi sur les animaux. Un chien boiteux, un chat abandonné devenaient les clients et les hôtes de Louise."

Loin de verser dans le désespoir, elle profite de cet exil involontaire pour connaître cet univers inconnu. Elle s'intéresse tant à la faune et à la flore, aux chauve-souris roussette "à la tête de renard", aux "imitations de chèvrefeuilles", qu'au Canaque "barde noir chantant l'épopée de l'âge de pierre". Elle écoute les récits de ces frères de douleur, crée une école buissonnière pour les enfants des tribus, va en brousse à la rencontre des indigènes. En 1878, elle prend parti pour les Canaques, envoie à Paris des articles sur les massacres de la population. Dans ses mémoires, elle racontera cette nuit dramatique où trois guerriers canaques ensanglantés vinrent lui faire leurs adieux. En signe d'amitié, elle leur donna l'écharpe rouge de la Commune pieusement conservée. Un siècle plus tard, le symbole fut repris par le jeune mouvement indépendantiste des Foulards Rouges.

En 1879, autorisée à quitter Ducos, elle fonde une école pour enfants de déportés à Nouméa et continue à prodiguer ses cours du dimanche aux petits indigènes. En 1880, l'amnistie la rend à la France métropolitaine. Les adieux furent déchirants, et malgré ses promesses, Louise ne revint jamais dans ces lointaines contrées qu'elle avait su tant aimer. Elle mourut en 1905 après avoir harangué les foules et soulevé d'innombrables espoirs.

Octobre 1880, de retour de Nouvelle Calédonie, l'arrivée à la gare Saint-Lazare de Louise Michel acceuillie par Rochefort, Clémenceau, Louis Blanc et Barodet.

R.V

Portrait du libéré

"Le libéré, écrivais-je au temps où je fis sa connaissance, est le plus singulier type humain de la Calédonie, comme le niaouli en est le plus caractéristique type végétal : arbres et hommes pareillement loqueteux, cagneux, honnis et utilisés, l'un et l'autre désolation d'un pays où ils servent à tous usages.

Le libéré, quand il est enfin lâché par la machine à broyer du bagne, est généralement assez mal en point, et il semble même acquis que ses muscles ni son intelligence ne sauraient plus retrouver pleinement leur élasticité. Lorsque, par son industrie, il parvient à se refaire une situation, et par sa situation une sorte d'honorabilité, quand il se fait même réhabiliter (on dit ici rétamer), la terrible empreinte est ineffaçable.

Le libéré est le chemineau. Il vague d'une station de bétail à la mine, de la mine à la plantation, deux jours ici, là deux mois, aujourd'hui bouvier, demain blanchisseur, après-demain terrassier, gâcheur de besogne en toute profession, souvent ingénieux et débrouillard, très souvent hâbleur."

Marc Le Goupils, *Comment on cesse d'être colon*, Paris, Grasset, 1910.

Ataï, une figure héroïque

Expulsé par la colonisation de ses terres vers La Foa qui devaient servir à la création de la ferme pénitentiaire de la Fonwhary, Ataï est fermement opposé à la présence française. Doué d'un sens de la répartie (on lui attribue cette remarque, en réponse à la suggestion du gouverneur d'élever des barrières pour se protéger des piétinements bovins : "Lorsque les taros iront manger les bœufs, je construirai les barrières."), intelligent, rusé, il fomente la rébellion, scelle des pactes avec d'autres chefs, organise les combats. Sa mort sur le champs de bataille et l'exposition ignominieuse de sa tête au Musée de l'Homme font de lui un héros mélanésien, une figure emblématique de la cause kanak.

LA COLONIE AU TOURNANT DU SIECLE

A l'aube du XXème siècle, la Nouvelle-Calédonie offrait un visage encore plein d'incertitudes, de promesses et de regrets, d'ambitions et de désespoir, de misère et de fortunes rapides, d'insouciance et de rancœurs.

Les colons Feillet

Débarqué le 10 juin 1894 avec femme et enfants, l'anticlérical et moraliste gouverneur Feillet voulut impulser un nouvel élan à cette colonie aigre-douce. Certes, elle se remettait de la grande peur de 1878 d'autant plus facilement que les tribus périclitaient. Mais, il y avait encore une ombre de taille au tableau : la mise en liberté des pénaux, forçats ou relégués, qui n'avaient de cesse de mettre en péril l'ordre public. Feillet, comme on l'a vu plus haut, décida donc de tarir cette eau sale à la source, et, pour contrebalancer le poids négatif de cette engeance, il se lança dans un vaste programme de nouvelle colonisation.

Convaincu, sans preuve scientifique sérieuse, que la culture caféière ferait des merveilles sur les coteaux calédoniens (il tablait sur une capacité de production de 90 000 tonnes), il s'empressa d'orchestrer une campagne de séduction médiatique en métropole. Mission réussie puisque, entre 1895 et 1898, plus de 500 candidats à cette nouvelle vie arrivent, avec 5 000 francs d'économie en poche et leurs rêves de grandeur. On leur attribue un terrain de 10 à 25 hectares, du côté de Sarraméa, du col d'Amieu ou de Hienghène. On n'a pas hésité, pour récupérer les meilleures terres, à repousser au fond des vallées les hameaux des Canaques ; on les dépossède du jour au lendemain de leurs champs, de leur paysage, de leurs racines ancestrales.

collection J.M.R.

Famille canaque de la tribu de Thio (Propriété de la Compagnie Française des Cafés Calédoniens). ***"Tous ces sujets indigènes sont, malgré leur aspect farouche, très civilisés et travaillent sur nos propriétés au milieu de nos ouvriers et de nous-mêmes".***

En cinq ans, leurs terres reculent de 320 000 hectares à 125 000 hectares. L'administration n'a pas plus d'état d'âme que de parole.

Les nouveaux colons s'investissent avec plus ou moins de bonheur dans leur tâche agricole. Certains ont la chance de reprendre un "exploitation" indigène, soignée et déjà mature, d'autres celle d'avoir une vaste progéniture dont les petites mains seront très utiles lors de la récolte ; d'autres devront faire preuve de courage et de pugnacité pour mener à bien leur entreprise ; d'autres, plus imprudents, préféreront faire appel au système Ballande et achèteront à crédit matériels et provisions dans l'un de ses comptoirs jusqu'au jour où... Car la belle vocation caféière de l'île devait elle aussi connaître de sérieux revers. Si l'arabica calédonien a remporté le grand prix à l'Exposition universelle de 1900, la production n'atteint bon an mal an que 530 tonnes en 1903 (contre la projection de 90 000 tonnes). Il est vrai que la concurrence est rude et que les planteurs calédoniens manquent parfois d'expérience. Au début du XXème siècle, un tiers des colons Feillet a refait la traversée en sens inverse, avec comme un goût d'amertume dans la bouche. Ceux qui restent diversifient leur exploitation, touchent à la vanille, à la luzerne ou à l'élevage, reprennent leur ancien métier de charpentier ou de comptable, font des myriades d'enfants et se fondent dans la communauté calédonienne.

Au milieu des années 1920, un dernière vague, venue du Nord de la France, vint tenter sa chance sur la Grande-Terre. Victime d'une campagne publicitaire mensongaire d'un ancien maire de Nouméa, Marx Lang, qui dressa un portrait idyllique de la colonie. 250 habitants du Nord succombèrent à la tentation cotonnière ; les deux-tiers repartirent immédiatement ; un tiers s'implanta durablement.

La vie au grand air

L'idéologie d'une démocratie paysanne, chère aux radicaux, avait fait long feu. En Nouvelle-Calédonie, il y avait bien quelques bourgs (église, mairie et store compris) dispersés le long des deux côtes, des stations éparpillées au bord des fleuves et estuaires avec des mères de famille valeureuses, des gamins débrouillards faute d'être lettrés, des cultivateurs fiers et solides attachés à leur terre comme à la prunelle de leurs yeux, des stockmen intrépides galopant derrière les troupeaux dans la savane. Mais, les broussards formaient une race à part et plutôt marginale d'un point de vue numérique. Pourtant, ils marqueront durablement l'image de la colonie, qui, aujourd'hui encore, s'identifie fortement à ce peuple de travailleurs honnêtes et simples, individualistes et bons vivants.

A côté de ses petits propriétaires s'épanouissent de véritables latifundias vouées aux caféiers ou à l'élevage extensif sur la modèle australien. Leurs propriétaires partagent leur temps entre leur activité commerciale et leurs plantations. On se reçoit dans ses châteaux fantaisistes et isolés, on organise des courses de chevaux, on parie sur les pur-sang comme on joue sur les cours de la bourse, on habille ses femmes élégamment, on enseigne le piano à ses filles. L'aristocratie des planteurs et éleveurs a de beaux jours devant elle et sait en profiter !

Nouméa

Tandis que la campagne calédonienne se donne des airs civilisés fleurant bon les lauriers-roses et les dahlias, Nouméa s'urbanise. On a inauguré la cathédrale en 1890 ; une école publique fait concurrence à celle des sœurs ; un premier tronçon de chemins de fer enchante les Nouméens en partance pour un pique-nique ; des bals, régates et spectacles distraient la bourgeoisie locale... C'est la mode des expositions pour un tout ou un rien, des défilés, des courses (le vélo fait un malheur). Les établissements Ballande ont fait des petits, le nickel aussi. De belles demeures se construisent. Sur ses collines en pentes douces, la ville s'étire avec insouciance.

Le cinquantenaire de la prise de possession

Le 24 septembre 1903 fut fêtée magistralement. Il y eut des parades militaires, des discours officiels, des coups de canons, des courses cyclistes, des concours de bébés, des fêtes arrosées au champagne, un marathon portant la flamme coloniale de Nouméa à Balade, des danses indiennes et des pilous canaques commandés pour l'occasion. Dans les familles calédoniennes, on se souviendra longtemps de cette frénésie d'un jour dédiée à la colonie. Jamais le faste de la grande fête patriotique n'avait été aussi haut en couleurs, aussi arrogant, aussi en porte-à-faux avec une société indigène en déshérence.

Le système répressif contre les indigènes

Après la défaite de 1878-1879, un immense désespoir envahit les indigènes. La courbe démographique descend vertigeusement, à tel point qu'en 1902, le maire de Nouméa n'hésite pas à dire au pasteur Maurice Leenhardt "Que venez-vous faire ici ? Dans 10 ans, il n'y aura plus de Canaques." Et, en effet, ils seront seulement 27 000 au recensement de 1921.

Leur sort, il est vrai, est peu enviable. Le régime de l'indigénat institué en 1887 oblige les indigènes à respecter une longue liste d'interdits et de devoirs sous peine de sanctions : nudité, ébriété, sorcellerie sont réprimés, une autorisation préalable est indispensable pour sortir de la réserve... Un "impôt de capitation" est prélevé contraignant les canaques à travailler pour l'administration ou le colon, faisant des autochtones les seuls contribuables "directs" de la colonie !

Les réserves se sont transformées au fil des empiétements en cantonnements. L'arrêté du 13 novembre 1897 met un point d'orgue à cette spoliation légale en s'arrogeant le droit de déposséder et déplacer les tribus selon le bon vouloir de l'administration. Les limites sont levées, les abus criants. Seul un minimum de trois hectares par tête est garanti.

En 1898, le "pays" devient, non plus une entité ethnique mais une unité territoriale appelée "district" sous la direction d'un Grand Chef nommé par le gouverneur sur proposition du Conseil des Anciens ; chaque tribu est sous la férule d'un Petit Chef. Payés par l'administration, les chefs, grands et petits, sont responsables du bon ordre de leurs rangs. Refusant un tel affront, de nombreux héritiers préférèrent travailler aux docks de Nouméa. La société canaque fut gravement déstabilisée par cette immixtion coloniale dans leur structure hiérarchique.

Maurice Leenhardt

Un homme, le pasteur Maurice Leenhardt, allait être tout particulièrement à l'écoute de ce peuple. Dans sa mission de Do Neva (signifiant en langue houaïlou "vrai pays"), sur la côte est, il prend fait et cause pour ces déshérités. Loin de limiter son ministère à l'enseignement de la Parole, le missionnaire leur inculque des notions d'hygiène, organise des campagnes contre l'intempérance, les défend contre les abus de l'administration, dirige une école, forme des prêtres indigènes, les natas. Très vite, il se passionne pour cette culture canaque tant décriée par les Blancs. L'apôtre observe, note, enregistre les coutumes et récits. Il en tirera la substance de ses deux ouvrages majeurs : *Gens de la Grande-Terre* et *Do Kamo. La personne et le mythe dans le monde mélanésien.* Ces titres font aujourd'hui encore référence dans le cercle restreint des ethnologues. Mais, plus encore que ses livres, son action et son charisme ont marqué les tribus canaques, qui ont pu, grâce à cette reconnaissance extérieure, se réapproprier leur héritage culturel et croire de nouveau en leur avenir.

Si l'œuvre de Maurice Leenhardt est exemplaire, elle n'est cependant pas un cas isolé. Pasteurs et prêtres ont combattu fermement la main mise administrative, l'inéquité, le lâche abandon des tribus. Comme leurs prédécesseurs, ils apprennent les langues locales, alphabétisent les enfants, poussent les plus doués aux études (c'est-à-dire aux séminaires pour les catholiques)... Cette tradition d'ouverture vers les Mélanésiens se poursuivra après la Grande guerre. Il suffit de penser au père Rouel, ce colossal auvergnat installé à Hienghène qui mènent ses élèves à la baguette-queue de raie, qui sermonnent ses brebis infidèles ou trop portées sur la boisson, qui officie en français pour les Blancs puis en langage pour les Canaques. Il y eut aussi le Père Luneau à Canala, le pasteur MacFarlane aux Loyauté...

Les coolies, derniers esclaves de la colonie

Très tôt, l'agriculture coloniale avait eu besoin d'une main d'œuvre abondante aussi docile que possible. Les colons, trouvant les autochtones trop insoumis, préférèrent importer des îles voisines, et notamment des Nouvelles-Hébrides, des centaines de paires de bras. Puis, avec l'arrivée des sucriers de l'île Bourbon, on vit une petite colonie de coolies indiens débarquer en Nouvelle-Calédonie.

L'essor de l'industrie minière, un temps soutenue par les contrats de chair humaine de la Pénitentiaire, entraîna à partir des années 1880 la venue régulière d'émigrés asiatiques. Au départ, ils signaient un contrat de travail de cinq ans. Employés dans une des mines de la S.L.N. ou encore dans la toute nouvelle compagnie Le Chrome fondée

La cathédrale de Nouméa inaugurée en 1890 à l'heure de la «Vie au grand air».

par Lucien Bernheim, ces matricules indonésiens, chinois, japonais ou balinais se tuaient à la tâche, vivant dans d'immondes gourbis d'une maigre pitance de riz, ayant pour uniques loisirs : le jeu et l'alcool. Cantonnés à une exploitation, il leur était interdit d'aller et venir librement dans la colonie.

D'autres émigrés servaient plutôt aux plantations. On appréciait tout particulièrement les javanais méticuleux qui cueillaient délicatement les cerises des caféiers.

A Nouméa, on s'arrachait aussi les femmes asiatiques, gracieuses, discrètes, attentives et bonnes cuisinières.

Esclaves à durée déterminée, certains choisirent, à la fin de leur période, de rester néanmoins sur place. A force d'abnégation et d'économie, ils réussirent à s'intégrer au réseau économique de l'île : les javanais gérèrent avec intelligence les caféeries ; les chinois montèrent des petits commerces ; des indochinois vendirent dans leurs paniers à balanciers des tas de fruits exotiques... Bientôt, des fils ou filles de colons se marièrent à ces nouveaux enfants du pays engendrant des quantités d'enfants au teint mat et aux yeux verts bridés. Les asiatiques forment aujourd'hui un élément non négligeable du creuset calédonien.

La guerre de 14-18

A 20 000 km de la France, la Nouvelle-Calédonie n'en est pas moins une terre française. Et, même si les soubresauts de la Vieille Europe restent lointains, on se passionne pour la guerre, on dresse des drapeaux français un peu partout, on se porte volontaire. Par dessus tout, on redoute une offensive allemande, surtout depuis que Papeete a été bombardée. Lorsque le 23 avril 1915, les 713 hommes, appelés, réservés ou volontaires, montent à bord du Sontay, la ville est en liesse et ovationne ses héros, ses "Niaoulis" comme elle les appelle affectueusement. Les mélanésiens, que certains chefs avaient réussi à convaincre par des harangues enthousiastes, ne partirent que plus tard en 1916 et 1917. Les poilus calédoniens se battront vaillamment dans les froides tranchées du Nord. A leur retour en 1919, on les acclamera, on pleurera les morts et plaindra les invalides. Au total, le tribut calédonien (toutes ethnies confondues) s'élèvera à 456 disparus (dont les deux-tiers Canaques), 429 handicapés (sur 2 290 soldats). Les monuments aux morts que l'on croise dans chaque bourg de la Grande-Terre témoignent de leur contribution à la victoire finale.

La sédition de 1917

Pendant que se déroulait une terrible bataille dans les plaines et forêts du Nord de la France, la Nouvelle-Calédonie allait être au bord d'une nouvelle guerre civile. Depuis la répression de 1879, le calme avait régné sur le territoire. Il y avait bien eu quelques échauffourées entre tribus, et notamment, en 1901, la "guerre des Poyes" entre le païen Aman et le catholique Hyppolite. Les colons de Hienghène avaient pris peur réclamant la troupe. En l'absence du gouverneur Feillet, l'affaire avait dégénéré. A son retour, ce dernier organisa un grand palabre de paix. Les deux chefs, en punition, durent fournir des hommes pour la percée de chemins muletiers à travers la chaîne. Néanmoins, l'administration continua à chercher querelle au chef Aman ; on le trouvait trop fier, insensible aux opérations de séduction occidentale (il avait refusé les galons et interdit la boisson dans sa tribu). On parvint finalement, en 1908, à l'attirer dans un piège, comme on l'avait déjà fait pour le grand chef Bouarate quarante ans auparavant. Un malentendu final scelle son sort : lors d'une rencontre avec le nouveau gouverneur, Aman s'assied immédiatement afin de respecter l'usage canaque qui veut, qu'en signe de considération, on reste toujours plus petit que son supérieur ; interprété comme une injure, son geste lui vaudra l'exil. En 1916, Aman s'engagera pour le Bataillon du Pacifique. Il mourra anonyme sur un champ de bataille en 1917.

1917 justement sera l'année de tous les dangers, et de tous les espoirs, en Nouvelle-Calédonie. On a déjà recruté des volontaires dans les tribus ; la colonie est fière de ces "primitifs" patriotes et ne se doute de rien. Deux fonctionnaires sillonnent le Caillou en quête de nouveaux volontaires, sans grand succès. Le chef des Affaires indigènes, Fourcade, met un point d'honneur à lever des hommes. Il harangue les tribus, menace les chefs de déportation s'ils ne soumettent pas des candidats. Certains cèdent, comme celui de Koniambo, d'autres, comme Poindet à Netchaot ou Noël à Tiamou, choisissent de se soustraire en disparaissant. Mais, en avril 1917, les hommes de Koniambo, envoyés par Fourcade, mènent une virée à Tiamou. Noël, offensé, décide alors la guerre contre cette tribu et ravage quelques cases. Le 5 avril, ses guerriers descendent faire quelques achats à Koné, où se trouvent rassemblés des colons venus saluer le départ de mobilisés blancs. Et de nouveau l'éternel quiproquo : les Blancs croient être la cible des Canaques. Pour calmer les esprits, on envoie l'aviso Kersaint avec à son bord M. Fourcade, celui là même qui était à l'origine des heurts. La bévue est de taille. Fourcade, toujours égal à lui-même, commence par arrêter Poindet, qui s'évade immédiatement. Un détachement de Tahitiens est dépêché sur place, puis à Netchaot où Fourcade humilie devant tous le chef Poindet avant de rejoindre Tiamou pour un soit-disant palabre de paix. Mais, l'ordre du jour est bousculé : flairant un piège, Noël a fait évacuer son village et danse un pilou de guerre au dessus de la troupe. L'insurrection commence alors bel et bien, bientôt rejointe par les hommes de Poindet et de Kaveat et commandée spirituellement par le grand sorcier Paetou. Les stations sont attaquées. La région de Hienghène s'embrase à son tour. Le 16 juin 1917, les époux Grassin et le colon Papin sont sauvagement assassinés. Aussitôt, 400 soldats sont expédiés pour mater les rebelles. Le plan du gouverneur Repiquet est simple : encercler les femmes, enfants et vieillards qui ont trouvé refuge au fond de la vallée de Pamalé. Mais, la guerilla persiste. Le pasteur Maurice Leenhardt tente une mission de réconciliation, en vain. Le soulèvement pourtant s'épuise. En octobre, Poindet et Paetou se rendent. Noël est finalement tué en janvier 1918 dans son propre village par son ami épicier arabe Mohamed Ben Ahmed. Les derniers rebelles se replient à Tiendanite. La troupe n'hésita pas à tirer sur ces réfugiés. Un petit garçon y perdit sa mère : il s'appelait Wenceslas Tjibaou.

La révolte avait fait dix tués parmi les Blancs, 200 chez les Canaques. Un grand procès s'ouvrit en 1919, réservant à la justice une surprise de taille : si la guerre entre Noël et Koniambo n'avait pas été préméditée mais le fruit de la colère, l'embrasement de Hienghène était prévu de longue date, et c'est le chef Jean-Baptiste Doui Bouarate, que l'on croyait loyaliste qui avait lui-même organisé un pilou de guerre dès 1913 à la suite des empiétements de terrain d'un certain Metzdorf. A côté de la répression généralisée de 1879, le verdict de 1919 semble doux : 5 condamnations à mort et 60 peines d'emprisonnement. Quant au chef Bouarate, il préfère se donner la mort plutôt que se soumettre.

La remontée des tribus

C'est qu'entre-temps, le colon avait appris une leçon : malgré tous ses défauts, le Canaque lui était utile ; il alimentait en main d'œuvre l'industrie locale, les plantations et les ranchs.

A force de dépérissement, on avait même cru perdre cette "belle race". En 1912, on avait enfin créé un système de santé en brousse, certes insuffisant, mais c'était un début. Des écoles publiques pour Noirs ont été créées (en 1925, on compte 37 écoles publiques pour Blancs, 19 écoles publiques indigènes, et 31 indigènes privées).

Au début des années 1930, suivant le plan de développement du gouverneur Guyon, une nouvelle directive est lancée : favoriser la culture du café chez les natifs. Le capitaine Meunier est chargé de suivre la réalisation sur le terrain. Et, les clans commencent à défricher de nouvelles terres, à planter les pieds, à soigner les arbustes... La politique aura un réel succès : de 700 tonnes en 1930, la production passe à 2000 tonnes en 1939. Surtout, en introduisant le Canaque au même titre que l'Européen dans le circuit économique de la colonie, elle redonne confiance et dignité aux insulaires. La natalité très vite s'en ressent et la courbe démographique s'inverse. Sur 57 165 habitants recensés en 1931, on compte 28 502 Canaques, 17 215 Européens et 11 448 travailleurs exotiques.

Le calme avant la tempête

La mine prospère, à Koniambo, Tiebaghi, Thio ou Yaté. Trois gros consortiums chapeautent les sites : la SLN, la société Le Chrome, et la société des Hauts Fourneaux fondée par Ballande. On élève un immense barrage dans le Sud. Les "petits mineurs", propriétaires de bosses, ont fait fortune à la sueur de leur front, mais sont, cette fois, du bon côté de la balance. Les cobaleurs creusent des petits tunnels quelque part dans le nord.

A Nouméa, la ville s'étoffe de nouveaux établissements. Les quartiers de l'Anse Vata et de la Baie des Citrons sont colonisés par les premières villas. Le pavillon colonial de l'Exposition Universelle de 1900 est converti en bibliothèque grâce à la prodigalité du mineur Bernheim. Les automobiles s'approprient les nouvelles artères renvoyant les équipages dans leurs écuries. Les docks, véritable fourmilière humaine, emploient une main d'œuvre asiatique bruissante. La fée électrique éclaire la ville et ses 12 000 habitants. Les bourgeoises jouent au tennis, les artisans font du vélo, l'équipe des "Canards Sauvages" s'exerce au water-polo.

La grande crise de 1929 n'épargne pourtant pas la colonie. Les affaires périclitent, le commerce se rabougrit, les faillites se multiplient, des corporations entières disparaissent. Pourtant, la menace d'une nouvelle guerre rétablit bien vite la prospérité.

La Seconde Guerre mondiale

L'annonce de l'entrée en guerre de la France ne surprend pas franchement les calédoniens. En revanche, l'armistice de 1940 est totalement incompris et la population de Nouvelle-Calédonie se désolidarise de cette France pétainiste pour prendre fait et cause pour les Alliés (l'Australie est leur seule source d'approvisionnement ouverte, les autres routes maritimes étant minées). Tandis que le gouverneur en poste maintient son allégeance au régime, de Gaulle envoie sur place le commissaire de France aux Nouvelles-Hébrides Sautot. Après une tentative d'intimidation, et sous la pression d'une foule de colons, miniers, commerçants venus de Nouméa mais aussi de la brousse, le gouverneur Denis capitule. La Nouvelle-Calédonie se rallie officiellement à la France Libre. Les fonctionnaires soupçonnés de vichyisme sont envoyés à Saigon, les japonais sont sous haute surveillance, un bataillon du Pacifique constitué de canaques, tahitiens, néo-hébridais, européens part à la guerre...

R.V.

La guerre de 1939-1945. L'attaque de Pearl Harbor le 7 décembre 1941. Ici, le cuirassé Oklahoma .

La déferlante Yankee

Tout aurait pu en rester là, comme lors de la Grande Guerre. Pourtant, cette fois, la Nouvelle-Calédonie allait être vraiment au cœur de ce conflit mondial. L'attaque de Pearl Harbour un certain 7 décembre 1941 étend le champ de bataille à tout le Pacifique. Les américains décident de faire de la Nouvelle-Calédonie un formidable camp retranché alimentant sa contre-offensive en direction des nippons. A partir de 1942, ce territoire isolé voit débarquer par dizaine de milliers des soldats américains, australiens, néo-zélandais, et avec eux, tout le matériel militaire et civil nécessaire à l'entretien des troupes. On descend des gigantesques navires des files de Jeeps et de camions Dodge, des tonnes de toile pour les campements, des centaines d'arceaux pour les fameux hangars demi-lunes, des containers entiers de médicaments, de coca-cola, de cigarettes blondes et de chewing-gum... On monte en un tour de main des casernes de fortune, des hôpitaux de plein air. L'état-major s'installe à l'hôtel du Pacifique. Des abris de D.C.A. sont nichés sur les collines de Nouméa. Des stocks de munitions s'empilent dans les docks du port. De nouvelles routes sont asphaltées, la piste de la Tontouta aménagée. Les engrais chimiques permettent à la modeste agriculture vivrière de répondre rapidement à la demande croissante.

La ville est en effervescence, hésitant entre l'euphorie et l'anxiété. Au plus fort de la bataille du Pacifique, on comptera dans l'archipel jusqu'à 120 000 soldats ! Bien vite, les Calédoniens profitent de cette avalanche de bouches à nourrir, de gosiers à étancher, d'âmes seules à distraire et de dollars à récolter ! C'est l'époque où l'empire Ouaco (boîtes de viande en conserves) culmine ; des petits trafics d'alcool se montent ; une maison close a porte ouverte sur la place des Cocotiers ; les cabarets ne désemplissent pas. Le mode de vie à l'américaine enchante les jeunes, qui se mettent à écouter du jazz, à regarder des films hollywoodiens et des *cartoons* dans des *drive in.*

Les Mélanésiens profitent aussi du déferlement anglo-saxon, puisque l'armée américaine embauche et paie bien des centaines d'auxiliaires canaques.

Pendant que la Nouvelle-Calédonie servait de gigantesque plate-forme aérienne, les batailles de la Mer de Corail, de Midway et de Guadalcanal faisaient leurs cortèges de héros. Ces victoires, chèrement remportées, ouvrent la voie vers le Japon. Nouméa ne sera plus alors qu'une base arrière. Le 8 mai 1945, la capitulation de l'Allemagne est fêtée dans l'allégresse générale. En septembre, les derniers boys rembarquent laissant derrière eux des tonnes de matériel. La métropole donnera l'ordre de les détruire, au grand dam de la population. Mais, ce qui fut ordonné, fut fait, précipité au fond d'un lagon. Pourtant, quelques calédoniens parvinrent à sauver des eaux de précieux vestiges, qui sont aujourd'hui encore pieusement conservés.

L'épopée américaine (au total, près d'un million de *marines*, *navy*, et autres *soldiers* défilèrent sur le sol calédonien entre 1942 et 1945) allait durablement marquer les esprits, et le drapeau étoilé flotte encore dans bien des cœurs calédoniens. Certains iront pendant la période trouble du milieu des années 1980 jusqu'à réclamer leur rattachement aux Etats-Unis. Autre symbole de cette complicité : la parité entre le dollar et le Franc CFP jusqu'en 1958. Au contact de ses garçons pleins d'entrain, de santé, de courage, on était passé d'"un saut brusque de l'âge de la pierre polie à l'âge du fer et de la mécanique" (Jean Mariotti, Le Livre du Centenaire), mais aussi de l'argent et de l'égalité des races. Tout le monde avait vu ces lieutenants noirs commander à leurs troupes. L'ordre des choses n'était donc pas immuable, le blanc indétrônable de ce piédestal où il s'était lui même placé. Il n'y aurait plus de retour en arrière possible, et les Canaques en *dungarees* américains le savaient bien.

La conquête des droits civiques

La fin du conflit signe une nouvelle ère de l'histoire mondiale : celle de la décolonisation. Les Empires constitués au cours du XIXème et du début du XXème siècle se disloquent, de jeunes Etats apparaissent. La France n'est pas à l'écart de ce mouvement. D'ailleurs, dès 1944, le général de Gaulle dans son discours de Brazzaville ébauche les grandes lignes de sa conception de la politique coloniale : "La politique française consiste à mener chacun de ces peuples à un développement qui lui permet de s'administrer et, plus tard, de se gouverner lui-même." En Nouvelle-Calédonie, entre 1945-1946, tout un train de mesures libérales mit la colonie en ébullition : droit de vote accordé à certains autochtones (anciens combattants, chefs, pasteurs et catéchistes, fonctionnaires, soit 1 144 électeurs pour 10 000 Canaques majeurs), abolition du statut de l'indigénat, des réquisitions et corvées, de l'obligation de résidence, égalité des droits et des devoirs garantis par la Constitution du 27 octobre 1946.

L'immédiat après-guerre voit aussi apparaître sur le Territoire (la Nouvelle-Calédonie est devenue un TOM, Territoire d'Outre-Mer) des idéologies et partis jusque là inconnus. Premier à ouvrir la voie, le Parti communiste de la Nouvelle-Calédonie avec à sa tête la passionnaria Jeanne Tunica et Florindo Paladini. Leur discours anti-esclavagiste remporte un succès certain auprès des Mélanésiens et d'une frange marginale des Européens. Aussitôt, les Eglises s'inquiètent et se lancent à leur tour dans l'aventure : les catholiques et le Père Luneau fondent l'UICALO (l'Union des Indigènes calédoniens Amis de la Liberté dans l'Ordre), les pasteurs Benignus et Charlemagne les imitent avec l'AICLF (Association des Indigènes calédoniens et loyaltiens français). Les deux partis prônent la promotion progressive de la communauté canaque. En 1951, ils choisissent un même candidat pour les élections législatives. Il s'agit d'un métropolitain, Maurice Lenormand. Ces élections recouvrent une importance particulière, depuis que la loi du 23 mai 1951 accorde à tous les citoyens français de plus de 25 ans le droit de vote pour les législatives : le corps électoral compte dorénavant 8 700 Mélanésiens contre 10 900 Européens. Le pharmacien passionné d'ethnologie, élève de Leenhardt, remporte une large victoire face à ses adversaires ; il deviendra le pivot de la politique locale pendant vingt ans à la tête d'une nouvelle formation politique, l'Union Calédonienne, sous la bannière "Deux couleurs, un seul peuple".

Un pas en avant, deux pas en arrière

La loi-cadre de 1956, dite loi Defferre, prévoit la participation plus active des autochtones à la gestion du Territoire par l'intermédiaire d'assemblées locales élues et d'un Conseil de gouvernement. Le 6 octobre 1957, l'Union Calédonienne remporte 18 des 30 sièges de l'Assemblée territoriale, avec à sa tête le Mélanésien Michel Kauma, tandis que Maurice Lenormand est élu vice-président du Conseil de gouvernement et devient ainsi le véritable chef de l'exécutif. La scission entre Nouméa conservatrice et la brousse pro-UC s'amplifie.

Mais la guerre d'Algérie allait précipiter la fin de la IVème République et le retour du général de Gaulle. En Nouvelle-Calédonie, la fièvre est à son comble. Le 18 juin 1958, quatre cents broussards armés, furieux de l'emprise de l'UC, montent à Nouméa réclamer la démission de Lenormand. Le haut-commissaire, cédant à la rue, suspend le Conseil du gouvernement ; Paris dissoud l'Assemblée territoriale.

Les électeurs appelés à adopter par référendum la Constitution de 1958 se prononcent presqu'unanimement en sa faveur. L'Assemblée territoriale majoritairement UC, ayant obtenu des garanties sur la promesse

L'enseigne "internationale" de Coca Cola fut importée par les américains en 1942.

de l'autonomie, vote pour le maintien du statut de Territoire.

Mais, le gouvernement central, loin d'honorer sa parole, enlève peu à peu aux institutions locales leurs prérogatives, en matière de radio-diffusion et de fonction publique. La pilule est amère pour Maurice Lenormand, tandis que son nouvel adversaire, le petit mineur Henri Lafleur à la tête du RC (Rassemblement calédonien), profite du contexte centralisateur pour obtenir ses premiers succès. La communauté blanche continue à s'acharner contre celui qu'elle surnomme le "député des Canaques". En avril 1942, un coup monté permet de l'accuser de l'explosion des locaux du journal de l'UC, "L'avenir Calédonien". Condamné avec sursis, il est déchu de ses droits civiques et de son mandat parlementaire. En 1965, Maurice Lenormand, fort de cette leçon, appellera à voter contre le général (qui obtiendra malgré tout 65 % des voix sur le Territoire).

En 1963, la "loi Jacquinot" enterre définitivement l'autonomie. La fonction de vice-président du Conseil est supprimée, les membres n'ont plus d'attributions spécifiques. L'enseignement, l'octroi des mines passent sous l'autorité de l'Etat. L'Assemblée territoriale voit ses compétences diminuer.

Le boom du nickel

En Nouvelle-Calédonie, le "vieux Nick" n'est jamais loin et, en cette fin de décennie, il allait une fois encore jouer un sacré tour au Territoire. Minerai indispensable à la fabrication d'aciers inoxydables de qualité, le nickel est à la hausse. Les industries de pointe en demandent toujours davantage. Une grève de plusieurs mois chez le concurrent américano-canadien INCO entraîne subitement une flambée de son cours : le nickel vaut de l'or !

Le Territoire rentre alors dans une phase d'euphorie générale, sûr de son avenir resplendissant grâce à ses réserves évaluées à 20 % des réserves mondiales. La SLN, en situation de monopole pour le traitement du minerai, se lance dans un vaste programme de modernisation de son usine de Doniambo, de restructuration des mines de Thio, Kouaoua et Poro et crée une nouvelle exploitation à Népoui. Pour ce faire, elle a besoin d'une main d'œuvre abondante qui fait défaut sur place. Qu'à cela ne tienne ! On fera venir de métropole et des autres départements et territoires d'Outre-Mer des avions entiers de travailleurs. Ils seront 15 000 exilés de l'Hexagone, que l'on entassera tant bien que mal dans des HLM construits à la hâte, dans de vilaines cités-dortoirs, dans des campings improvisés. Entraînés par le boom du nickel, d'autres secteurs explosent : la construction bien sûr, les services, l'import-export, l'administration. La spéculation immobilière n'a plus de bornes. Les petites échoppes ferment boutique remplacées par des supérettes étincelantes vendant du poisson congelé, du pain de mie et de la mimolette. Les "caldoches" (l'appellation date de l'époque) assistent à l'arrivée massive de "zozo" (diminutif de "z'oreilles", surnom donné aux métropolitains) avec une certaine méfiance. Ne sont-ils pas venus avant tout faire du 5,5 (100 CFP =5,5 FF) ? Ne prennent-ils pas les meilleurs postes et les plus hauts salaires ? On n'apprécie guère leurs manières désinvoltes, ni leur soit-disant intérêt pour les Canaques. Bref, chacun se retranche dans son camp et profite comme il le peut de cette manne terrienne qu'est le nickel. Les petits mineurs, comme Pentecost ou Lafleur profitent plus que tout autre du miracle. Les "contracteurs", qui extraient du minerai pour leur propre compte et le revendent à la SLN, font fortune. Au bout de la chaîne des indépendants, les "rouleurs", qui acheminent à bord de leur camion acheté à crédit le minerai le long de pistes dangereuses à l'usine, jouent leur vie à chaque tournant dans l'espoir d'amasser un trésor de guerre.

La soif de nickel incite d'autres grosses sociétés à la prospection. L'INCO se lancera dans l'exploration du Sud et de ses couches de latérite, Elf-Aquitaine aussi. Tant de promesses enfouies dans le sol font tourner les têtes. La raison cède à l'enthousiasme ; on investit à tour de bras dans cet Eldorado du XXème siècle. Mais, le nickel est capricieux, et les stocks mondiaux reconstitués, son cours amorçe une descente vertigineuse encore accentuée par la dévaluation du dollar. La croissance se dégonfle comme un vulgaire ballon de baudruche, ne laissant derrière elle que de méchantes balafres sur les contreforts de la chaîne centrale et quelques immeubles cages-à-lapin dans les banlieues nouméennes.

La revendication indépendantiste

Le boom du nickel, aussi éphémère que radieux, avait fait d'heureux élus. Les Caldoches, en dehors des broussards indéracinables, avaient bénéficié de cette soudaine richesse. En revanche, les Canaques n'avaient que très faiblement participé à l'euphorie. Quelques-uns avaient bien suivi le sentier de la mine ou de l'usine, mais la grande majorité, restée au village, supportait mal les nuages de poussière que soulevaient les camions, la lente mort du lagon saturé de déchets, la violation des terres des ancêtres... Le sursaut de vitalité provoquée par l'occupation américaine s'était heurté constamment à l'indifférence de l'administration, à l'hostilité d'une certaine catégorie de blancs. Il y avait bien eu une amélioration des conditions de vie, une reconnaissance civique et même politique, mais l'indigène restait tout de même la cinquième roue du carrosse, cloué aux portes de la société de consommation. Une partie de la jeunesse canaque, celle qui avait eu accès à l'éducation, se souleva contre cet état de fait intolérable. Le premier, fils d'un grand chef de Maré, Nidoish Naisseline créa le mouvement des "Foulards rouges". Etudiant en sociologie à Paris durant les événements de mai 1968, il dénonce le système colonial qui perdure en Nouvelle-Calédonie et réclame l'indépendance. Après son arrestation sous le prétexte d'incitation à la haine raciale, des militants manifestent leur soutien avec force tracts et quelques incendies de voitures. Bientôt, des jeunes prêtres et pasteurs mélanésiens, conscients de l'impasse dans laquelle se trouve leur peuple, abandonnent leur sacerdoce pour mener à terme leur combat politique. C'est le cas d'un certain Jean-Marie Tjibaou.

C'est grâce, en partie, à ses "défroqués" que l'UC usée et discréditée rebondit. En 1977, une équipe nouvelle, Jean-Marie Tjibaou, Pierre Declercq, Eloi Macchoro, Yeiwéné Yeiwéné, entrent dans les instances dirigeantes de l'UC et impulsent un nouveau souffle. Le mot d'ordre est désormais l'indépendance. Le 4 juin 1979, le Front Indépendantiste est créé regroupant les différentes mouvances indépendantistes. En 1982, Jean-Marie Tjibaou est élu vice-président du Conseil de gouvernement (de nouveau en vigueur depuis 1976), à la place de Dick Ukeiwe. Les choses vont alors très vite. L'élection de François Mitterrand soulève de formidables espoirs du côté des Canaques, et des inquiétudes proportionnellement équivalentes du côté caldoche. La tension est à son paroxysme, Pierre Declercq est assassiné. Il est vrai que Paris sort ordonnances sur ordonnances. Pour rattraper temps perdu, on a créé un Office foncier d'Etat chargé de la redistribution des terres (suivant la réforme foncière de Paul Dijout de rachat de terres aux Caldoches), un Office de développement des îles et de l'intérieur, un Office culturel, scientifique et technique canaque ; on a modifié les tribunaux civils en y introduisant des assesseurs représentant la coutume. Le Conseil du gouvernement, pour avoir les moyens de sa politique, crée l'impôt sur le revenu.

Le RPCR (le Rassemblement pour la Calédonie dans la République créé en 1977 par Jacques Lafleur) craint le pire. Sous l'égide de Georges Lemoine, les accords de Nainville-les-Roches tentent de désamorcer le conflit. Tout en reconnaissant la légitimité de la revendication kanak (cette orthographe date de l'époque), le communiqué évoque le devoir d'accueil des Mélanésiens envers les Caldoches et le droit à l'autodétermination. Peine perdue, les représentants du RPCR comme les indépendantistes refusent le

R.V.

La mine de nickel en 1914 et la descente des sacs de minerai. Aujourd'hui, la section de triage du nickel à Goomen.

Sygma

Sygma

Les murs demeurent les supports de toutes revendications. Ici en avril 1985, est réclamée l'indépendance de la Kanaky avec Jean-Marie Djibaou .

projet. Le FI se transforme en 1984 pour devenir le Front de Libération Nationale Kanak Socialiste (FLNKS). Pour prouver son opposition au nouveau statut Lemoine de "large autonomie", il s'oppose aux élections territoriales de 1984 et prône le boycott actif. Les militants dressent des barrages un peu partout en brousse ; ceux qui les bravent seront exclus de la Kanaky future. L'abstention est effectivement énorme ; le RPCR rafle logiquement la quasi-totalité des sièges. Mais, les affrontements se multiplient, les stations des broussards ayant voté sont systématiquement brûlées. Le 5 décembre, des colons de Hienghène attirent dans une embuscade des hommes des tribus de Tiendanite. Ils tirent des centaines de balles. Dix Canaques, dont deux frères de J.-M. Tjibaou sont tués. Les protagonistes se rendront finalement à la justice. Après une longue instruction, le juge rend une ordonnance de non-lieu estimant que les sept colons étaient en état de légitime défense. Le Parquet de Paris fait appel. Renvoyés aux assises, les inculpés seront accusés de préméditation, d'esprit de vengeance, par l'avocat général. Pourtant, le 29 octobre 1987, la cour d'assises acquitte Maurice Mitride, Robert Sineimene, Raoul Lapetite et ses fils.

L'envoi d'Edgar Pisani sur le Territoire va permettre d'apaiser la situation. Il y aura encore une victime en janvier 1985 : Eloi Machoro. Le 7 janvier 1985, le délégué du gouvernement propose son idée d'indépendance-association inspirée de la pratique britannique et veut engager les deux camps adverses dans un processus de négociations. Mais la faille ne cesse de s'accroître entre les deux communautés. Les Caldoches se réfugient à Nouméa. Refusant la précipitation, le Président de la République fait finalement marche arrière. Le statut Pisani, statut officiellement provisoire en attendant le référendum d'autodétermination, crée quatre régions (dont trois seront tenues par le FLNKS) qui devront être dirigées par des conseils de région élus ayant un vaste domaine de compétences au niveau local et redonne au haut-commissaire les pouvoirs exécutifs territoriaux.

Les élections législatives de mars 1986 allaient remettre en cause ce nouvel arsenal. Le gouvernement Chirac s'empressa de satisfaire son allié politique en diminuant les attributions des régions et en augmentant celles du territoire, en supprimant l'Office foncier remplacé par l'ADRAF ainsi que l'Office culturel. Les indépendantistes et même certains anti-indépendantistes se sentent floués par cette main-mise centralisatrice. Dans ce contexte, le référendum de 1987 où 40,9 % des électeurs se sont abstenus est vidé de son sens. Les résultats sont "soviétiques" : 98,3 % en faveur du maintien dans la République. La Nouvelle-Calédonie s'enferre dans un dialogue de sourds. A la veille des élections présidentielles (couplées aux régionales sur le Territoire) de 1988, un commando du FLNKS prend en otages une trentaine de gendarmes à Ouvéa, quatre sont tués. Deux semaines plus tard, l'armée et le GIGN prennent d'assaut la grotte où sont gardés prisonniers. Ce fut un bain de sang : 19 Canaques furent tués, 2 militaires également.

Les accords de Matignon

La réélection de François Mitterrand va enfin permettre d'enterrer la hache de guerre. Sans perdre une minute, on invite à Paris les représentants du FLNKS, de la LKS (Libération Kanak Socialiste) et du RPCR. Le 26 juin, les accords Matignon-Oudinot assurent la trêve entre les indépendantistes et leurs adversaires. Un geste symbolise cette nouvelle volonté : Jean-Marie Tjibaou et Jacques Lafleur se serrent la main (geste immédiatement désapprouvé par la frange la plus dure du FLNKS). L'accord comprend une déclaration commune acceptant la mainmise de l'Etat sur l'administration territoriale et deux annexes stipulant l'impartialité de l'Etat, seule condition d'une paix durable, et la prise de "dispositions institutionnelles et structurelles préparatoires au scrutin d'autodétermination", celles-ci restant à négocier.

Durant l'été, le FLNKS pèse de tout son poids pour obtenir le découpage du Territoire en quatre régions au lieu des trois proposées, l'amnistie générale y compris pour les crimes de sang et la prise de mesures d'incitation au départ pour les Métropolitains installés depuis longtemps et les Caldoches (suppression des avantages fiscaux et salariaux et "aide au retour").

Le 20 août, un texte est signé à Matignon. Il prévoit une amnistie très large et le gel du corps électoral appelé à voter l'autodétermination en 1998 : seuls les électeurs résidant

Sygma

Sygma

Eloi Machoro et une manifestation en avril 1985 pour l'anti-indépendance.

Les tombes d'Eloi Machoro à Canala et de Jean-Marie TJibaou à Hienghène.

sur le territoire en 1988 seront convoqués aux urnes. Un comité de suivi est créé. Pour garantir cet accord, les Français doivent l'entériner par référendum en novembre. Malgré un niveau record d'abstention (63 %), le oui l'emporte largement (80 %), bien qu'en Nouvelle-Calédonie, le non ait été majoritaire à Nouméa et dans les localités à dominante blanche. La communauté européenne semble donc être opposée. Quant aux Canaques, s'ils sont dans l'ensemble favorables à ces dispositions, quelques militants indépendantistes ont le sentiment d'avoir été trahis par leur leader et jugent l'accord insuffisant. Avant même la négociation, le chef du FULK, Yann Céléné Uregei se désolidarise du FLNKS et prône la lutte de libération. Aux élections municipales, les différentes mouvances indépendantistes n'ont pas souvent réussi à faire liste unique. Le 4 mai 1989, Djubelly Wea assassine ceux qu'il considère être des traîtres à la cause, Tjibaou et Yeiwéné. Ce drame n'a pourtant pas remis en question le nouvel équilibre politique, et le calme est enfin revenu. Paul Néaoutyne a succédé à Jean-Marie Tjibaou et poursuit sur la voie du dialogue sans jamais perdre pour objectif la naissance de la Kanaky. Le RPCR et Jacques Lafleur jouent aussi le jeu, et Jacques Lafleur a donné personnellement l'exemple en vendant ses mines à la province Nord.

Chaque année, le comité de suivi se réunit. L'avancée est réelle. Il reste aujourd'hui à déterminer le contenu exact de la question qui sera posée aux électeurs en 1998.

La passion caféière de Monsieur Feillet

"Le premier article du Credo définissait le caractère messianique de l'œuvre de M. Feillet : il avait plu à Dieu de laisser régner en Nouvelle-Calédonie le Mal et l'Erreur jusqu'en 1894, en y établissant les Canaques en des temps reculés, les maristes vers le milieu du siècle, les forçats sous Napoléon III. Après cette dernière épreuve, comparable en quelque sens à la captivité de Babylone, Il (Dieu) avait suscité M. Feillet, venu, comme il est dit dans l'Ecriture, des "extrémités de la Terre". Le Nouveau Testament commençait en 1894. L'arbrisseau symbolique (le caféier) fut proclamé sacré..."

Marc Le Goupils, *Comment on cesse d'être colon*, Grasset, Paris, 1910.

La mise du stockman

"Il avait bonne mine ce stockman : un visage européen au teint hâlé par l'air et le soleil, des yeux vifs et perçants qui se sont habitués à regarder les grands espaces, à définir les choses de loin ; une petite moustache brune, relevée cavalièrement.

Le costume traditionnel du stockman était sa tenue : un pantalon collant de molesquine blanche, de hautes guêtres à l'écuyère en cuir rougeâtre, des éperons à tige courte, sans sous-pieds, presque libres au talon, afin de ne pas éventrer le cheval lorsque les pieds se heurtent aux arbres. Une chemise rayée bleue, en forte toile, le col déboutonné, un mouchoir blanc noué autour du cou. Un paletot de laine grise, les poches baîllantes par habitude du contenu et des mains qui s'y réchauffent le matin. Une ceinture de cuir portait la sacoche de la montre et une autre beaucoup plus grande contenait le tabac et les allumettes. Un grand chapeau à larges bords, en feutre gris foncé, les ailes relevées sur le devant, ce qui lui donnait l'air crâne d'un mousquetaire audacieux."

Georges Baudoux, *Légendes noires de la chaîne*, Nouméa, 1919

Jean-Marie Tjibaou

On se souvient du dernier assaut vengeur contre la poche de résistance de Tiendanite. C'est sur ces hauteurs que la grand-mère de Jean-Marie Tjibaou avait été tuée. Le petit orphelin Wenceslas est pris sous la tutelle du bon père Rouel. Son fils aîné, Jean-Marie suit sa trace et use à son tour ses fonds de culotte sur les bancs de l'école de la mission. Le R.P. Rouel a un peu vieilli, sans perdre une once de sa volonté. L'élève est intelligent, et le père l'emmène au petit séminaire de Canala. Il reviendra dix ans plus tard dans sa tribu pour enseigner aux jeunes. Mais, sa soif d'apprendre n'a pas été étanchée. Il repart au grand séminaire pour être ordonné prêtre. En 1965, la cérémonie a lieu au village en présence de Mgr Martin et de l'irremplaçable père Rouel. Puis, habillé de sa soutane, le père Tjibaou part pour Nouméa. Il sera deuxième vicaire de la cathédrale. Son sacerdoce le met en contact avec des tas de Canaques déracinés, déstabilisés. On se confie volontiers à ce jeune prêtre qui sait si bien écouter. Le hasard d'une rencontre, celle avec le professeur Métais, ethno-sociologue émérite, projette finalement Jean-Marie Tjibaou dans les salles de cours de la Faculté catholique de Lyon, puis à l'Ecole pratique des hautes études de Paris. Rappelé en Nouvelle-Calédonie par la mort de son père, il retrouve sa terre natale en pleine turbulence. Les "Foulards rouges" couvrent de graffitis les murs de la ville, Yann Céléné Ureguei a quitté l'UC pour créer un parti clairement autonomiste, l'Union multiraciale, L'UC semble en voie de désintégration.

En 1971, Jean-Marie Tjibaou quitte sa soutane pour retrouver sa liberté d'action. Militant à l'Union Calédonienne, il est responsable de la jeunesse du parti et préside l'Association mélanésienne pour le développement culturel et social. Il visite et anime les villages avec à ses côté Marie-Claude Wetta qui deviendra sa femme. En 1975, il monte le premier festival mélanésien. Melanesia 2000 est le moyen d'affirmer et de revendiquer haut et fort l'identité culturelle canaque. La manifestation sera boudée par les Caldoches.

En 1977, Jean-Marie Tjibaou remporte la mairie de Hienghène sous le slogan Maxha (relever la tête) contre le maire sortant mais aussi contre le candidat officiel de l'UC. Bientôt à la tête de l'UC, il deviendra le porte-drapeau de la cause indépendantiste. Fidèle à son idéal humaniste, il espère de tous ses vœux l'apparition d'une Kanaky libre, respectueuse de son héritage culturel mais résolument tournée vers l'avenir. Homme de dialogue, il priviligiera à chaque fois la négociation à l'affrontement sanguinaire, même après la mort de ses deux frères dans l'embuscade de Hienghène. En 1988, il se fera des ennemis en serrant la main à Jacques Lafleur. Ardent défenseur des accords de Matignon, il ira jusqu'au bout de son combat, jusqu'à la mort. Le 4 mai 1989, il sera assassiné, ainsi que Yeiwéné Yeiwéné par Djubelly Wea. Ainsi finissent les héros.

Le Centre Culturel de Hienghène.

LA NOUVELLE CALEDONIE AUJOURD'HUI

Une mosaïque humaine

La Nouvelle-Calédonie a superposé au fil des immigrations des couches de population venant des quatre coins du monde. Il y eut tout d'abord les pionniers anglo-saxons ou germaniques, puis les bagnards libérés, à l'origine d'une ribambelle de métis mais aussi de têtes blondes. Quelques déportés de la commune, parisiens pour la plupart, et des Kabyles condamnés après l'insurrection de 1871 choisirent de faire souche, tandis que la colonisation libre entraînait dans son sillage des familles entières de Bretagne, du nord et l'est de la France. A partir de la fin du XIXème siècle, on importa de la main d'œuvre bon marché d'Asie, on signa des accords avec les gouvernements chinois, indochinois, japonais et indonésiens. De leur côté, les planteurs de coton de l'île Bourbon avaient "importé" des indiens malabars. Enfin, dernière touche au paysage humain de l'archipel : l'arrivée massive dans le territoire de métropolitains, wallisiens, futuniens, polynésiens et antillais à l'occasion du boom nickelifère et de la circulaire Messmer.

Au dernier recensement (1989), la population atteint 164 173 personnes et se répartit ainsi : Mélanésiens 44,8 %, Européens 33,6 %, Wallisiens 8,6 %, Indonésiens 3,2 %, Tahitiens 2,9 %, Vietnamiens 1,5 %, Ni-Vanuatu 1,0 %, autres Asiatiques 0,4 % et autres ou non déclarés 4,0 %. En vingt ans, le taux de croissance démographique a été spectaculaire (+ 60 %), grâce à l'essor de la natalité, notamment mélanésienne (un tiers de la population a moins de quinze ans), mais aussi à la politique volontariste d'immigration. Dans les années 1980, près du quart des habitants sont nés hors du Territoire.

Nouméa et le désert calédonien

La répartition géographique de la population reflète un déséquilibre flagrant entre Nouméa et le "désert" calédonien. Le "Grand Nouméa" concentre environ 100 000 habitants. Les nouveaux arrivants, polynésiens ou métropolitains, ont choisi massivement de résider dans ces localités (Nouméa, Mont-Dore, Païta et Dumbea) renforçant ainsi le caractère pluri-ethnique de la province Sud. En dehors de cette enclave, la Grande-Terre reste majoritairement mélanésienne, même si le sud de la côte ouest jusqu'à Bourail et quelques centres miniers de la côte est (Thio, Canala) ou agricoles (Poindimié) rassemblent une population d'origine allogène. Les îles Loyauté et l'île des Pins sont entièrement mélanésiennes. Cette distribution très dichotomique de la population fut pendant longtemps un facteur de déséquilibre. Tandis que la capitale se dotait d'infrastructures, de logements et d'activités économiques variées, la brousse restait la parente pauvre.

Une des particularités de la pluralité raciale en Nouvelle-Calédonie est qu'elle n'a entraîné aucun métissage culturel profond. Les Blancs, en dehors des célibataires-aventuriers des premiers temps et des forçats mis au ban de la société bien-pensante, convaincus très longtemps de leur supériorité, se sont tenus à l'écart des autres

La nouvelle génération canaque, à gauche sur la plage de Foué à Koné et ci-dessous, dans l'île de Belep.

Pluralité raciale : jeunes élèves de la mission de Canala et le dernier forgeron caldoche de Bourail.

communautés. Les minorités soucieuses de préserver leurs racines et souvent dédaignées ont vécu en cercles fermés. Les Canaques, parqués dans des réserves jusqu'en 1946, n'ont pu partager le mode de vie occidental. Le seul lien possible passait obligatoirement par les missions religieuses.

Les Canaques (ou Kanak)

Les réserves instituées dès les premières heures de la colonisation ont finalement permis à la communauté canaque de préserver son système de valeur fondé sur le respect des anciens, l'obéissance au chef, la souveraineté de la nature, la symbolique de l'échange, l'observance des coutumes. Le mode de vie indigène a certes connu quelques modifications d'apparence (la télévision, les cases de tôle ondulée rectangulaires), mais reste profondément traditionnel dans nombre de régions. Lorsque vous traversez les tribus de la côte est, la pointe nord de la Grande-Terre ou encore les îles Loyauté, vous verrez le long de la route de vastes pelouses soignées ponctuées de quelques cases de chaume et de torchis et d'abris divers à l'ombre des manguiers. C'est là que vivent les membres d'un même clan, le vieux et sa femme, le fils aîné et ses frères mariés, leurs enfants en pagaille, les chiens et la basse-cour. Les jardins sont magnifiques avec leurs frangipaniers en fleurs, le manguier touffu à l'ombre dense, les poinsettias à feuilles rouges et les hauts cocotiers. A côté ou un peu plus loin dans les collines, il y a les champs pour la culture, des caféeries, mais aussi toutes sortes de plants d'ignames, de manioc, d'ambrevades et de taros, sans parler des papayers, goyaviers et autres arbres fruitiers exotiques. Les enfants vont à la petite école du village, qui, ici comme partout ailleurs en Nouvelle-Calédonie, est décorée de fresques murales enfantines et colorées. Un bus scolaire les ramène cahin-caha sur la piste poussiéreuse. Les femmes, elles, s'occupent de la cuisine, du potager, les petits derniers dans leur sillage ; les grands-mères, assises le dos au mur, tressent inlassablement des feuilles de pandanus lacérées pour faire de nouvelles nattes ; les hommes sont aux champs ou à la pêche, quelques uns travaillent pour la voirie ou l'administration. A l'heure délicieuse où le soleil semble s'abîmer dans les montagnes, on s'attarde un dernier instant dans la lueur déclinante, on va s'amuser à la rivière ou discuter sous le banian. Bientôt, l'immense nuit étoilée déploie ses ailes lourdes de sommeil à peine troublée par l'envol lisse des roussettes.

Vision paradisiaque mais malheureusement partielle. Depuis la Seconde Guerre mondiale, les conditions de vie en milieu mélanésien se sont nettement améliorées d'un point de vue matériel. Il y a eu une véritable politique de désenclavement tant sanitaire que scolaire : les médecins se rendent dans les tribus, des écoles maternelles et primaires ont été créées un peu partout. L'électrification et l'eau courante ont été apportées à 70 % des ménages dans la Grande-Terre (contre 100 % pour Nouméa), mais seulement un tiers dans les Loyauté. La réforme foncière de Paul Dijoud et l'Office foncier ont permis de redistribuer des terres aux Canaques. Ces progrès n'empêchent pas la permanence d'importantes disparités socio-économiques : le premier bachelier mélanésien date de 1961, 1 enfant mélanésien sur 6,5 suit des études secondaires ou supérieures contre 1 sur 2 pour les Européens en 1983 ; la population active mélanésienne hors secteur primaire est sous-représentée par rapport à sa part dans la population générale (respectivement 24 % et 43 % en 1983). Même si l'économie de subsistance est largement développée, elle ne suffit plus aujourd'hui à contenter des jeunes de plus en plus au contact avec la société de consommation et ses rayonnages clinquants de mille et une tentations.

Depuis les accords de Matignon, un vaste programme de rééquilibrage régional a été mis en œuvre. Les provinces Nord et des îles Loyauté ont profité de subventions pour se doter d'équipements sociaux, de logements, de lycées, de routes, etc. Des mines ont été vendues et sont aujourd'hui gérées par des Canaques.

Les Calédoniens (ou Caldoches)

Descendants des pionniers aventureux du début, des forçats ou des colons libres, ils ont en commun un même amour pour cette terre à la fois si belle et si difficile. Cette île du bout du monde où le soleil transperce les yeux, où des pluies diluviennes charrient des torrents de boue, où l'horizon n'est que montagnes et mer. Cette île que leurs ancêtres ont civilisée à force de labeur, de sueur et de frayeur.

Les broussards

Dans leur station perdue au coin d'une vallée riante, ils se remémorent l'époque où il n'y avait pas encore de route, où seul le service du "Tour de côtes" assurait la liaison avec la capitale. En ces temps révolus, chaque implantation européenne tissait des liens serrés d'entraide mais aussi de jalousie. On se mariait entre voisins, on allait chasser ensemble dans la Chaîne sauvage, on taquinait le poisson des lagons. Les stockmen, ces cavaliers au large chapeau de feutre, surveillaient, avec leurs petits chiens à moitié sauvages, les troupeaux de bœufs, les menant d'un run à l'autre, les marquant de leurs initiales, réparant les clôtures... Le jour du Seigneur, on se retrouvait à la sortie de l'Eglise pour discuter des dernières nouvelles. De temps en temps, un rodeo ou une course de chevaux rassemblait une petite foule endimanchée et joyeuse. A l'aube du XXIème siècle, les choses ont peu changé ici, même si de nombreux broussards, et notamment les jeunes, ont choisi de rejoindre la grande ville et ses attractions. Les rallyes automobiles, courses cyclistes ou matches de football ont remplacé les concours hyppiques ; les stores, ces mini-épiceries à la chinoise, sont devenues de modernes supérettes en formica ; des énormes 4x4 ou de vieux breaks dégingandés remplacent les "bourrins" d'antan ; la poste avec son enseigne bleue et jaune est toute pimpante, le monument aux morts sert de rond-point, la gendarmerie somnole à côté du terrain de sport municipal... Ambiance provinciale tranquille à la façon américaine, sans centre historique, ni mail, ni promenade. Ici, il n'y a rien à voir hormis les cimetières version kitsch et charmante avec leur débauche de fleurs en plastique. Ici, il faut savoir écouter le chant du coq et les pépiements des oiseaux, les bavardages des maîtresses de maison, les interpellations entre jeunes. Ici, il faut prendre au vol des bribes de la vie broussarde si fière et si désuète, les derniers témoignages d'une communauté à contre-courant d'un siècle industriel, planétaire et sur-urbanisé.

Femme de la tribu de Tibarama.

"Il nous vient d'Australie, avec ses grands housseaux,
Son feutre à larges bords, sa selle en grenouillère,
Avec poitrail, croupières et fortes étrivières..."
Soury-Lavergne *(Calédonien)*

Les planteurs, éleveurs, commerçants

Les Caldoches ne se résument pas à cette population de petits paysans. La colonisation a permis aussi l'éclosion d'une véritable aristocratie pécuniaire. Le tout premier empire à s'être constitué sur place fut bien évidemment celui des Ballande. Armand Ballande, armateur bordelais, avait institué le premier transport régulier entre la métropole et la Calédonie. Attiré par le boom minier, le fils André arrive à Nouméa vers 1880 et saisit immédiatement la chance formidable qu'offre cette colonie, terre promise de l'import-export. Il multiplie les comptoirs (épiceries), met en place le "système" Ballande (qui réceptionne les sacs de café et crédite d'autant le "compte café" du planteur), qui fera la fortune des uns et la faillite des autres. Plus tard, les établissements

Ballande investiront dans la mine avec la Société des Hauts-Fournaux, qui tombera bientôt dans le giron SLN. Aujourd'hui, les devantures Ballande jaune et bleu occupent toujours le devant de la scène, même s'ils ont eu maille à partir avec la concurrence et notamment les ambitions d'un certain Barrau.

Il y eut aussi les éleveurs façon australienne qui réussirent à accaparer d'immenses domaines où s'épanouissait un bétail vagabond, que l'on conduirait tôt ou tard à l'abattoir. Ceux-là s'appelaient Sylvestre Leconte à Koné (où travailla Baudoux), Comte Routier de Grandval à Poya, M. Escande à Mueo... Les planteurs-négociants menaient grand train de vie entre leur propriété foncière et leur pied-à-terre nouméen. Les Dezarnauld, Devambez et autres Brun s'essayaient à de nouvelles cultures, s'entouraient d'immenses vergers exotiques, s'enthousiasmaient pour le coton ou le café avant de placer bien vite l'argent des récoltes.

La grande bourgeoisie locale compta également quelques ascensions éblouissantes grâce à la magie de l'or vert. Les "petits mineurs", ainsi les appelle-t-on encore aujourd'hui, s'étaient escrimé leur vie durant à dénicher de bons filons, à fouiller leur prospect. Ils avaient vécu en vagabonds d'espoirs et de maigres pitances. Alors, il n'était que justice qu'un jour enfin, ils fussent devenus riches.

Les descendants de ces grands colons, après des études en métropole, retournent la plupart du temps dans leur île natale. Résidents dans les beaux quartiers de Nouméa, ils occupent les postes essentiels de la vie économique et politique du Territoire. S'ils ont conservé le domaine familial, c'est pour quelques parties de chasse. Pour leurs vacances, ils préfèrent souvent les voyages en Australie, Nouvelle-Zélande ou en Polynésie. Ils aiment la mer, la pêche au gros, les yachts et le scooter de mer, les grosses voitures américaines, les douces collines de Nouméa, les cocktails entre gens de bonne compagnie. Ils se connaissent tous entre eux, accueillent avec une certaine réserve les métropolitains de passage, les "z'oreilles", et se sentent parfois plus proches de l'Australie ou des Etats-Unis (certains rêvent de devenir le 53ème Etat de l'Union) que de la France.

Koné : scène de Far-West pour les Caldoches...

Les Métropolitains (ou Z'oreilles)

Expatriés à durée déterminée, les métropolitains, fonctionnaires ou cadres privés, jouissent de conditions de vie supérieures à celles de la majorité des Caldoches. L'Etat, pour inciter les candidats à l'émigration, a mis en place toute une panoplie pécuniaire des plus alléchantes : salaires attractifs, primes d'éloignement et de vie chère, déductions fiscales. La beauté des paysages, la limpidité du lagon, la clarté de l'air font le reste. Et, il n'est pas rare que l'on prolonge le séjour initial. Le *pacific way of life* fait des adeptes...

Les Asiatiques

La saga asiatique a connu maints épisodes, histoires d'allers-retours tragiques, d'exil, de séparation et d'adoption.

Pendant la Seconde Guerre mondiale, la Nouvelle-Calédonie fut frappée d'une "nippophobie" aiguë aisément compréhensible. Placés sous haute surveillance au début du conflit, les nippons furent au lendemain de Pearl Harbour traqués, emprisonnés et envoyés en Australie. Ils ne reviendront pas, et les calédoniens ne regretteront guère leur présence. Ces gens-là, les seuls asiatiques à avoir le statut de travailleurs libres, avaient trop le sens des affaires !

Le conflit entraîna par ailleurs la suspension des rapatriements des engagés asiatiques. Arrivés en fin de contrat, ceux-ci furent autorisés à rechercher librement un emploi. Ce qu'ils firent d'autant plus aisément que les troupes américaines offraient une multitude d'opportunités. La paix revenue, le gouvernement français accorde à toute la main d'œuvre immigrée contractuelle la liberté de résidence et impose un salaire minimum et une amélioration des conditions de travail. Sûrs de leurs droits, les ouvriers corvéables à merci se font revendicatifs, et, faute d'obtenir satisfaction, retournent dans leur patrie. Sur les 8 600 indonésiens de 1948, il n'en restera plus que 2 500 en 1952. Grâce à leur ingéniosité et à un petit bas-de-laine, ils seront les modestes commerçants vendant un impensable bric-à-brac, les maraîchers de Nouméa dont les femmes égayaient le marché de leur tas de brèdes, litchis, pommes-lianes, papayes et soyu. Les nounous "bayous" drapées dans des batiks colorés feront le bonheur des bambins européens, tandis que les vieux "kakanes" soigneront longtemps encore les jardins et allées de la capitale.

Pour les quelque 5 000 indochinois, la solution du rapatriement n'est pas si simple. La France est alors en pleine guerre avec la République du Vietnam de Hô Chi Minh. En 1949-1950, environ 1 400 vietnamiens sont rentrés. Ceux qui restent, travaillés par une propagande marxiste paradisiaque, espèrent de tous leur vœux partir à leur tour vers cet avenir radieux. Certains manifestent publiquement leur attachement à la cause Viet-minh. Après la chute de Dien-Bien-Phu, le ressentiment entre les français et les immigrés est à son comble. Une campagne de dénigrement est lancé. En 1960 enfin, après de fastidieuses négociations, l'*Easter Queen* est chargé du rapatriement. Le premier convoi embarque une foule candide, heureuse de retourner au pays et à ses mille promesses. La réalité communiste les frappera avec toute l'arrogance révolutionnaire. Au troisième passage, des messages codés prévenant les futurs rapatriés du sort qui leur serait réservé, on se débat, on pleure, on se jette à l'eau. La neuvième navette sera la dernière. Les rescapés de cet exil à sens inverse (environ un millier, la plupart catholiques), installés à Nouméa dans la vallée du Tir, ont souvent choisi de se faire naturaliser. Restaurateurs ou commerçants, ils se fondent aujourd'hui tout à fait naturellement dans le paysage nouméen.

... quand le marché regorge de fruits et de légumes produits par les Canaques.

Les Polynésiens

La Nouvelle-Calédonie, avant même sa colonisation, entretenait des liens avec les îles polynésiennes, et une petite colonie de wallisiens s'était établie à Ouvéa. Mais, le flux d'immigration massif des wallisiens, futuniens et tahitiens remonte seulement aux années 1950. A cette époque, un vaste programme de grands travaux requiert une main d'œuvre abondante à l'heure même où la Nouvelle-Calédonie voit ses ouvriers asiatiques la quitter. Les ressortissants des TOM voisins, frappés par le chômage, feront donc l'affaire. En 1970, le boom du nickel attire de nouveau de nombreux polynésiens. Tandis que les tahitiens espèrent amasser rapidement un petit pécule qui leur permettra de lancer une affaire sur leur île natale, les wallisiens et futuniens s'installent définitivement dans l'archipel.

Les quelque 15 000 wallisiens et futuniens forment une forte minorité ethnique très respectueuse de ses traditions et de ses chefs coutumiers. La cérémonie du kava, rituel d'accueil autour d'un breuvage symbolique, marque toute réunion importante. Peu formés, ses ressortissants vivent dans des conditions précaires et sont parmi les premiers à pâtir des crises économiques. Ardents défenseurs du maintien du Territoire dans la République, souvent membres actifs du RPCR, ils redoutent avant tout l'indépendance qui pourrait signifier pour eux un retour dans leurs îles exiguës.

Georges Baudoux, l'écrivain-broussard

Fils du surveillant militaire François Baudoux, le petit Georges débarque à l'île des Pins en 1875. Les parents sont bien accueillis par les déportés de la quatrième commune et Georges flâne avec insouciance dans cette nature si douce, tout en suivant en dilettante l'école. En 1880, après que son père ait participé à la répression de la révolte de 1878, la famille s'installe à l'île Nou. Le garçonnet entend de terribles histoires de condamnés. En 1882, François, rendu à la vie civile, prend ses quartiers à Nouméa. Georges vient de rater son certificat d'études primaires. Il commence alors à travailler dans l'imprimerie, se plonge dans les dictionnaires et rêve de grands espaces. Bientôt, il s'achète un bateau, le *Surprise*, et s'en va pêcher en mer.

En 1888, la mort du père va entraîner un troisième déménagement pour la famille Baudoux, qui, cette fois, pose ses bagages dans une petite concession du côté du tout nouveau chef-lieu d'arrondissement, Koné. Là, n'habitent pour l'heure que quelques fonctionnaires. Mais, l'administration favorise le développement de cet avant-poste de la Grande-Terre et la dynamique colonisatrice fonctionne : autour des pénitenciers Pouembout et Konambio, de la mine de Kataviti, viennent s'agréger belges, australiens, arabes et français. Tandis que sa mère et sa sœur restent à la maison, Georges parcourt le lagon à la recherche de trocas ou biches-de-mer. Par mauvais temps, il chasse quelques cerfs sur le rivage, qu'il revend aux colons. Durant ses aventures terrestres, il rencontre aussi bien les Canaques que les vieux baleiniers du grand nord ou les bagnards libérés. Surtout, il découvre la vie libre des *stockmen* qui cavalcadent à fond de train sur le buffalo des prairies, qui dorment à la belle étoile, qui marquent le bétail. Sans hésitation, il se fait embaucher par un grand éleveur du coin. Commence alors pour lui une vie faite de chevauchées sauvages, de feux de bois, de récits glorieux ou pittoresques, de rêves de popinées. Mais un soir de bal, le destin, prénommé Jeanne, se présente avec toute la splendeur de ses quinze ans. Et, Georges le célibataire tombe amoureux. Pour conquérir la belle, il lui faudra se convertir, abandonner cette vie de patachon. Justement, on entre en pleine euphorie minière, et Georges se laisse prendre au jeu. Un temps employé chez Bernheim, il s'installe bientôt pour son propre compte et prospecte du côté de Gomen et de Koumac. Avec ses bosses Tamatave, Damoclès, Bellascocia, et Fridoline, il peut enfin épouser sa promise un certain 25 mai 1897. Jeanne s'occupera, très souvent avec pour seule compagnie son chien et son fusil, du store sur la route entre Koumac et Ouegoa ; Georges continuera à surveiller ses mineurs, libérés, évadés, marins.

Un premier enfant naît et meurt huit jours plus tard, l'année suivante une petite Aline voit le jour, puis vient Franck, enfant chéri emporté à neuf mois par une diphtérie. A Koumac, il n'y a toujours pas de médecin, et Georges, terrassé de chagrin, amène à dos de cheval la petite Aline atteinte elle aussi à Koné. Elle sera sauvée de justesse. Enfin, naît la petite Yvonne. Dernière enfant d'une passion orageuse. Jeanne ne supporte plus les frasques de son mari, et, chose quasi impensable pour l'époque, demande le divorce. Jeanne se remariera, aura deux autres filles et mourra à l'âge respectable de 102 ans.

Aline et Yvonne, confiées à la sœur et au beau-frère de Georges, Marie et Alfred Metzdorf, partent en 1911 à Paris. Elles ne reverront jamais leur mère.

En 1904, Georges se remarie avec une jeune fille presque deux fois plus jeune que lui, Marie Bonnet de Larborgne. Après un séjour en métropole, le jeune couple s'installe à Koné, où naîtront Marcelle et Georges. En 1914, la crise du chrome aidant, Georges Baudoux décide de rentrer en métropole et vend tous ses biens sauf sa propriété de Tangadiou et deux mines. Mais, la déclaration de guerre le ramène finalement à Nouméa. Cette retraite forcée le pousse à l'écriture, jusqu'alors simple passe-temps. Il écrit des poèmes, mais aussi des nouvelles mettant en scène des personnages et des décors qu'il a connus : les amours d'un forçat et d'une popinée, la vie un rien burlesque d'un chef-lieu d'arrondissement... Il entame son cycle de légendes canaques inspirées des récits qu'il a entendues au temps de ses pérégrinations solitaires. En 1919, Le Messager de la Nouvelle-Calédonie publie dans ses pages *Les Légendes Noires des Chaînes ;* elles sont signées Thiosse (ainsi prononce-t-on Georges en pays canaque).

Au procès des rebelles de 1917, Georges Baudoux fait la connaissance du pasteur Leenhardt. Les deux hommes, animés d'une même curiosité, d'un esprit d'observation aigu et d'une sincère sympathie pour ce peuple mélanésien, se respectent et s'admirent.

En 1927, Georges perd sa seconde femme. Il revoit Jeanne et la demande une seconde fois en mariage. Peine perdue. Ils resteront néanmoins bons amis.

L'année suivante, Légendes Canaques est publié à Paris précédé d'un avant-propos enthousiaste du célèbre anthropologue Lévy-Bruhl. Succès d'estime, qui lui vaudra l'admiration de Paul Morand. A la même époque, *Le Rocher à la Voile* d'Alain Laubreaux paraît. Des passages entiers d'une nouvelle de Thiosse sont repris. Baudoux, excédé, poursuivra l'auteur-pilleur. Défendu par sa propre fille, devenue avocate, il gagnera finalement le procès.

Lorsque son fils, agent typographe, se marie, l'écrivain décide de le suivre et se fait construire une maison à Houaïlou. Là, il deviendra un grand-père attentif et heureux, ne se mêlant que de loin en loin à l'actualité. Il retourne à l'écriture et termine son cycle sur le grand nord avec "Clotho", ou la joie d'un accouchement improvisé au milieu des cobaleurs. A la fin des années 1930, il devient membre de la Société des Etudes Mélanésiennes et plonge de nouveau dans ses souvenirs pour restituer les contes indigènes ou ses mésaventures de jeunesse.

Soucieux de transparence et de mémoire, il transcrit sans fioriture ni commentaire les histoires que les anciens de la région de Houaïlou racontent.

En 1940, *Le Pont d'Avignon* inachevé clôt son œuvre littéraire en relatant les anecdotes épiques d'un petit centre de brousse à la fin du XIXème siècle. La guerre, tant crainte, stoppe son élan créatif. Son fils, appelé à Tahiti, le laisse à la tête de sa famille.

En 1946, Georges junior part aux Nouvelles-Hébrides et Georges père refait ses derniers bagages pour Nouméa. Malade, il mourra le 5 juillet 1949 d'une crise cardiaque.

Les œuvres de Georges Baudoux sont malheureusement épuisées. Néanmoins, les Publication de la Société d'Etudes Historiques de Nouvelle-Calédonie rééditent régulièrement ses nouvelles et récits (trois numéros : *Les Blancs sont venus 1, Il fut un temps... Souvenirs du bagne, Les Blancs sont venus*).

Légendes Canaques 1. Les vieux savaient tout, Nouvelles Editions Latines, Paris, 1952

Légendes Canaques 2. Ils avaient vu des hommes blancs, Nouvelles Editions Latines, Paris, 1952

Le cheval est toujours utilisé pour regrouper les troupeaux. Doubles pages suivantes : le cricket, surtout féminin, est très en vogue aux îles Loyauté. Sur la rivière Tiwaka.

LIBRE SERVICE

UNE ECONOMIE CAPRICIEUSE

Depuis sa colonisation, la Nouvelle-Calédonie a connu un développement chaotique entre les cyclones, les invasions de sauterelles, les hausses des cours du nickel ou du café... La Métropole, pour soutenir sa lointaine dépendance, a du se montrer généreuse, en lui octroyant force subventions, fonctionnaires et privilèges fiscaux. Le résultat aujourd'hui est un étrange cocktail de société de consommation de type occidental et d'économie de quasi auto-subsistance, de mono-activité minière et d'agriculture commerciale extensive à faible productivité, d'import-export florissant et d'un secteur touristique encore embryonnaire, d'administration pléthorique surpayée et de chômeurs innombrables. Le tout sur un fonds de déséquilibre géographique et social grave.

Le défi économique à relever, incontournable si l'on veut aboutir à une stabilité politique de la région, n'est donc pas une mince affaire. Les accords de Matignon, en traitant en profondeur la question, donnent au Territoire une chance d'arriver à un développement plus équilibré.

Le nickel, une richesse dangereuse

Depuis le XIXème siècle, le cours du nickel dicte la vie économique calédonienne. Avec 100 000 tonnes extraites en moyenne, le nickel entre à hauteur de10 % du PIB. Aujourd'hui, ERAMET-SLN est le troisième producteur mondial de nickel après les groupes canadiens INCO et FALCONBRIDGE. Elle exploite les sites de Thio et de Kouaoua, sous-traite d'autres mines et réalise à la fonderie de Doniambo, à Nouméa, des mattes, qui seront raffinées à l'usine de Sandouville près du Havre, et des ferronickels très utilisés en sidérurgie. Les "petits mineurs" se limitent quant à eux à l'extraction du minerai et à son exportation, le plus souvent vers le Japon. Depuis 1990, on a assisté à des ventes de mines, comme la SMSP de Jacques Lafleur ou la Société Nouméa-Nickel, toutes deux rachetées par la province Nord indépendantiste. La gestion par des Canaques ouvre de nouvelles perspectives : le site de Boakaine a été rouvert et permet aux minéraliers nippons de charger directement au pied de la mine ; les tribus sont intéressées à l'exploitation ; la préoccupation environnementale est prise en compte. Les bénéfices dégagés ont permis au holding financier de la province, SOFINOR, de réinvestir dans d'autres secteurs économiques, et notamment le tourisme. La SOFINOR possède deux hôtels sur la côte est (Koulnoué Village et Malabou Beach), des hôtels et des casinos à Nouméa, et a participé au financement du Méridien flambant neuf. Une irruption côté Sud qui a été mal perçue par le Président de région Jacques Lafleur. Mais, la logique économique ne connaît pas de frontière !

A gauche, exportation vers Nouméa de légumes produits à Maré et ci-dessous, chargement industriel du nickel à Canala.

Une agriculture entre la tradition et le modèle australien

Le rêve de colonie agricole qui avait tant tenue à cœur le gouverneur Guillain n'a jamais pu se concrétiser. Bien que l'agriculture occupe 22 % de la population active employée en 1983, elle ne réalise que 1,8 % du PIB. L'autosuffisance alimentaire n'est assurée qu'à hauteur de 40 %, le reste étant importé de Nouvelle-Zélande, d'Australie ou de Métropole. Les terres escarpées ne se prêtent guère à la culture. Ainsi, si 15 % de la superficie du territoire sont utilisées, ils servent presque exclusivement de prairies pour le bétail (120 000 bovins). La côte ouest et ses ranchs détiennent la majeure partie des terres agricoles (83 %) ; ses domaines sont aux mains de grands propriétaires fonciers. Les cultures maraîchères et les vergers sont concentrés autour de Nouméa, tandis que les cultures vivrières pratiquées par les Canaques s'échelonnent sur la côte ouest, avec par intermittence les caféières du plan Guyon. La production de café n'atteint plus que 400 tonnes, soit juste la satisfaction de la demande locale. Le renouvellement des plantations allié à la politique de redistribution des terres devrait sans doute relancer cette activité, fer de lance de l'insertion mélanésienne. Autre culture traditionnelle, le coprah (obtenu du séchage de l'albumen de la noix de coco) est surtout produit aux Loyautés. Il servira à la fabrication de savon et d'huile. Une politique de nettoyage des cocoteraies et de modernisation vise à stimuler cette culture. Une caisse de stabilisation des prix compense les fluctuations du cours mondial tant du café que du coprah.

Enfin, quelques familles canaques vivent de la fabrication d'huiles essentielles (de niaouli ou de santal). L'exploitation de l'énorme forêt de la Chaîne centrale est aujourd'hui freinée par la redistribution foncière et les revendications contradictoires des tribus. La production de bois d'œuvre ne suffit pas à satisfaire la demande. Les nombreux incendies qui ravagent souvent la brousse ont conduit à un effort de reboisement ambitieux mais critiqué : la plantation de pins des Caraïbes est remise en question, car elle a tendance à empiéter sur le domaine cultivable.

La pêche

La pêche offre en Nouvelle-Calédonie de vastes possibilités encore peu exploitées. La pêche en lagon est traditionnellement pratiquée par les tribus du bord de mer à bord de plates (petites barques) ou de pirogues. La pêche côtière artisanale rapporte une cinquantaine de tonnes de thons et de vivaneaux. Trois navires palengriers pratiquent la pêche hauturière et capturent 1 400 tonnes de poissons. Le Japon est très intéressé par la ZEE (Zone économique exclusive) calédonienne représentant 2,1 millions de km2.

La vallée de Canala , riche en gisements de nickel, essaie également de se tourner vers l'agriculture. Ici le battage du riz.

L'aquaculture, notamment la production de crevettes, laisse entrevoir un avenir prometteur si l'on parvient à baisser son coût de revient. La province Nord a récemment créé une ferme aquacole à Voh, sur la côte ouest, et prévoit une production annuelle de 185 tonnes.

Aussi bien au nord de la Grande Terre que sur les îles, la pêche demeure traditionnelle.

Un tissu industriel et artisanal presque inexistant

La faible population et la puissance des maisons d'import-export ont noyé dans l'œuf la plupart des initiatives industrielles. Même la puissante usine agro-alimentaire Ouaco a du fermer boutique. Fin 1988, le territoire compte 4 700 entreprises, employant 9 000 personnes. Le bâtiment connaît depuis quelques années un véritable essor grâce aux crédits d'équipement allouées aux régions. Quelques industries artisanales traitent des produits alimentaires et fabriquent des boissons.

Le règne de l'import-export

La Nouvelle-Calédonie, si elle produit peu, consomme beaucoup. Il faut donc importer de France (plus de 50 %), de la CEE, de l'Australie et des Etats-Unis. Des grandes maisons de commerce installées ici depuis des générations comme les établissements Ballande ou son concurrent Barrau ont créé un réseau de distribution tentaculaire. En brousse, des stores continuent de vendre des tas d'articles divers allant des bonbons aux lampes de poche, des surgelés aux chaussures... Il y a même une camionnette ambulante qui sillonne la piste du côté de Hienghène.

Le tourisme naissant

Qui est jamais allé en Nouvelle-Calédonie tombe immédiatement sous le charme de cet archipel sauvage à la nature exagérée. Pourtant, le tourisme est un secteur très récent. Le responsable de ce retard : l'éloignement. Jusqu'à peu, le voyage coûtait extrêmement cher et seuls les parents des expatriés entreprenaient ces trente heures d'avion et trois escales. Aujourd'hui, le monopole d'Air France a été cassé, et des charters réguliers desservent la Tontouta. Après un net ralentissement dans les années 1980 du fait des événements, le flux touristique a repris (80 000 touristes en 1993). En dehors des français, des japonais, des australiens et des néo-zélandais viennent une semaine ou deux faire un tour rapide de la Grande-Terre, une halte à l'île des Pins et un saut aux Loyauté. L'infrastructure touristique bien développée à Nouméa (1 500 chambres dans des hôtels de deux à quatre étoiles) reste relativement modeste ailleurs (600 chambres ou bungalows). Si l'ultramoderne Méridien au delà du Club Méditerranée reflète le tourisme de luxe ou d'affaires, un autre type d'hôtellerie semble devoir émerger, celui des gîtes traditionnels.

NOUMÉA

Nouméa, capitale du Territoire, concentre aujourd'hui plus du tiers des habitants de Nouvelle-Calédonie. Ville étendue sur les collines de la péninsule, Nouméa est une belle provinciale aux allures de Riviera avec ses routes en pente, ses villas à vérandas, ses cocotiers, ses immeubles balnéaires, ses promenades de bord de mer, ses élégantes hâlées et ses coupés de dernier cri. A la différence de ses sœurs antillaises en perpétuelle agitation, elle semble vaquer à ses occupations avec un flegme très britannique. Les larges artères drainent un trafic, qui, aux heures de pointe, roule simplement plus lentement. A l'ombre des flamboyants sur la place des Cocotiers, des joueurs de pétanque hésitent entre pointer ou tirer. Dans les cours de récréation, des enfants s'égayent. Les magasins Ballande diffusent une fraîche brise d'air climatisé. A la gare routière, une foule bigarrée attend le départ de son numéro. Le long des baies, à l'heure du déjeuner, des voitures toutes portes ouvertes abritent des couples en train de pique-niquer au son de la radio. Le soir, des pèlerinages de joggeurs foulent le sable mouillé de la plage. Lorsque se lève cette nuit calédonienne saturée d'étoiles, la ville s'illumine de mille et une lumières. En haut du Ouen Toro, on se croit alors plongé dans le ciel londonien de Peter Pan.

DE PORT-DE-FRANCE A NOUMEA

Il aura fallu peu de temps à la possession française pour se sentir à l'étroit dans la rade de Balade. Le capitaine Tardy de Montravel explore donc la côte et découvre au sud-ouest de l'île une baie spacieuse accessible par le canal de la Havannah et celui de Woodin tout en étant fermée par l'île Nou. La zone semble peu habitée en dehors d'une petite communauté européenne dirigée par un certain Paddon à l'île Nou. Bref un endroit rêvé pour implanter le chef-lieu de la colonie. On décida deréchef d'y construire un fortin, le fort Constantine. Le colon Paddon, installé sur l'île Nou, aide aux travaux. Bientôt, il vendra sa concession à l'administration contre une belle somme d'argent et une large concession à Païta.

Mais le site élu n'offre pas que des avantages. Les marécages sont légion, l'eau rare, les moustiques acharnés. Il faudra toute l'énergie des hommes de Paddon, l'obéissance des militaires, l'entêtement du gouverneur du Bouzet pour transformer cette terre inculte en une bourgade civilisée appelée Port-de-France. Le géomètre Le Bris trace le périmètre de la ville, tandis que le chef de bataillon Coffyn élabore un premier plan. Des baraques, entrepôts sont dressés. Une école de sœurs ouvre ses portes, une église au toit de paille accueille les fidèles, un hôtel, l'Albion Hôtel, est même créé. Petit à petit la ville prend forme. En1865, on inaugure en grandes pompes le phare Amédée.

Un an plus tard, on redonnera à la ville son appellation originelle, Nouméa,

A gauche, la Baie des Citrons, le haut lieu balnéaire de Nouméa et ci-dessous, une vue aérienne de la marina.

pour éviter toute confusion avec la cité martiniquaise.

En 1875, on rase une butte à l'emplacement du centre vile actuel. On installe le port, on élève des maisons de bois et des magasins sous des arcades. Les rues portent des noms de victoire impériale. Les bâtiments officiels sont édifiés en grosses pierres. Les hommes de la pénitentiaire participent aux efforts d'urbanisation.

Petite cité deviendra grande

Au fur et à mesure que les gouverneurs passent, la ville gagne de nouveaux quartiers. Des vallées du Tir, du Génie et de l'Orphelinat, de nouvelles rues s'échappent vers les hauteurs. La vallée des Colons, le faubourg Blanchot, le Mont-Vénus, la baie des Citrons, l'Anse Vata se couvrent de villas coloniales, avec vérandas, persiennes et frangipaniers. Le rush minier est passé par là.

On érige au centre de la place des Cocotiers un joli kiosque à musique, où les déportés politiques viendront donner des concerts. On élève une fontaine, nymphe au bonnet phrygien, symbole de la République. Des théâtres et cabarets font salle comble. Inaugurée en 1890, la cathédrale domine du haut de son rocher le centre vile.

A l'aube du XXème siècle, la petite ville s'entiche à son tour de la vogue Belle Epoque. C'est le temps de l'insouciance, des bals, des expositions, des régates et du petit train ! En 1909, l'industrie rentre de plain-pied dans Nouméa. La SLN construit son usine de fusion du nickel à Doniambo. Le port continue à être desservi par de gros cargos des Messageries Maritimes. Les commerces en tout genre battent le plein, car ici, depuis le début, on a l'import-export dans le sang. La banque ne suit pas loin derrière. Les affaires sont friandes en crédits en tout genre. Les premières voitures étonnent encore les passants.

Aux lendemains de la guerre de 1914-1918, Nouméa compte 10 000 habitants et sombre dans une période léthargique. En 1925, le gouverneur Guyon, homme dynamique, a de larges projets pour la petite bourgade nouméenne. On perce de nouvelles avenues ; les automobiles noires se font plus nombreuses. De Paris-Mode aux Magasins Balande, on se croirait un peu du côté du boulevard Haussmann à Paris. Les clubs sportifs foisonnent. La bicyclette, le tennis, le water-polo, la natation, la boxe ou le basket conquièrent de plus en plus d'adeptes, amateurs ou vrais mordus. L'électricité illumine d'un seul coup la cité, un certain 5 avril 1932, alors que ce jour-là l'avion de Charles de Verneilh vient de relier Paris à Nouméa en un mois. La crise des années 1930 atteint pourtant les antipodes. Le quartier des artisans, vers la baie de la Moselle, voit ses portes fermer les unes après les autres. A Donambio, au contraire, l'approche de la guerre met l'usine de fusion en pleine effervescence.

La Seconde Guerre mondiale donne lieu au siège de la colonie à des heures mouvementées. Le 19 septembre 1940, les broussards montent en masse à Nouméa pour contraindre le gouverneur pétainiste à abandonner les rênes du pouvoir au profit de l'administrateur Sautot rallié à la France Libre. La rue a finalement raison et le gouverneur est démis de ses fonctions. L'Amiral d'Argenlieu, proche du général de Gaulle, nommé haut-commissaire du Territoire, débarque le 5 novembre 1941. D'emblée, son allure austère et son style autoritaire déplaisent aux habitants. Lorsqu'au printemps 1942, le chef de la France Libre rappelle le gouverneur Sautot en conflit permanent avec l'amiral, Nouméens et broussards prennent fait et cause pour l'homme des Hébrides très populaire. Celui-ci résiste à l'ordre de Londres, et Thierry d'Argenlieu l'arrête. Une fois de plus, en ce jour de 8 mai, Nouméa est en insurrection. L'ancien moine, honni, est menacé de mort. Les Américains déjà présents sur le territoire, interviennent et permettent ainsi la libération des deux chefs français de la colonie. De Gaulle rappellera finalement l'amiral d'Argenlieu.

Entre ces deux soulèvements, Nouméa a connu un bouleversement historique. A la suite de Pearl Harbour, la Nouvelle-Calédonie a été choisie par les Américains comme base d'attaque dans le Pacifique Sud. Dès le 12 mars 1942, des troupes US déferlent et envahissent les rues tranquilles de la cité. Pendant trois ans, des dizaines de milliers de *yankees*, néo-zélandais et australiens deviendront les hôtes de Nouméa. La DCA est perchée au sommet de chaque colline ; la ville retentit du bruit incessant des jeeps et des grues ; le port ne désemplit guère. Enfin, on se croit au centre du monde, on vit des moments héroïques avec les batailles de la mer de Corail et de Guadalcanal. Au quartier général à l'Anse Vata, le général Patch donne des ordres. Des campements fleurissent un peu partout aux alentours, des stocks de munitions s'entassent à Doniambo (une explosion à la fin 1943 mettra en danger la ville).

A l'heure des permissions, ces milliers de jeunes soldats veulent vivre à pleines dents ces périodes de rémission. Ils se ruent au café, dans les cabarets, au restaurant, au cinéma ou à la maison close place des Cocotiers. Les temps sont à la frénésie et les Calédoniens se laissent entraîner.

Mais la guerre se termine et ces boys, auxquels on s'était bien habitué, repartent. Nouméa ressort du conflit plus riche, plus ouverte sur le monde. L'ancien gouverneur Sautot est élu maire à l'unanimité. La ville déborde de plus en plus vers les baies de l'Anse-Vata et des Citronniers. Dans les années 1970, le boom du nickel ira de pair avec une fièvre immobilière qui se traduira

N
Commune de Dumbéa
Commune du Mont-Dore
143
Pic des Morts
Ile aux Chèvres
Baie de Koutio-Kouéta
Koutio
Péage
Auteuil
Yahoué
Pont des Français
Robinson
Normandie
RP.1
Ile Freycinet
Ilot Tindu
Voie E1
la Conception
7ème Km
Baie de la Conception
Pointe estelle
Koumourou 136
Tindu
RP.7
Rivière-Salée
Tina
Presq. île Ducos
Ducos
Centre Cult.
6ème Km
5ème Km
Baie Tina
Numbo
Anse
Uaré
RT1
Pointe Kongou
Mt Té 122
4ème km
Société le Nickel
Mt Montravel 167
GRANDE RADE
Mt Téréka
RP14
Vallées du Tir
Haut Magenta
Nouville
Baie de Magenta
Plage 1000
Pointe Lasalle
Magenta
Petite Rade
Val des Colons
Ilots Fourmi
LE NOU
Anse aux Boeufs
Baie de la Moselle
Uémo
Pointe de l'Artillerie
Pointe Denouel
Fg Blanchot
Ilot Sang
Baie de l'Orphelinat
Trianon
Pte aux Longs Cous
Ilot Brun
Baie de Ste-Marie
Pte Chaleix
Baie des Citrons
Motor Pool
Val Plaisance
Ile Ste-Marie
Rocher à la Voile
Ouen Toro
Anse Vata
Zone résidentielle
Zone industrielle
Bois, Maquis, zone de palétuviers
Lac
Office du tourisme
Ile aux Canards
Parc territorial du Ouen Toro
Ile Uéré
0
1
2
3
4 km

Place des Cocotiers.

par des immeubles en béton style HLM ratés. Heureusement pour le paysage urbain, l'enthousiasme nickélifère fut de courte durée !

Aujourd'hui, la ville avec sa population très cosmopolite a retrouvé, après les troubles des années 1980, sa belle sérénité.

DE QUARTIER EN QUARTIER

Nouméa est une ville étendue où la circulation est aisée, en dehors des heures de pointe (vers 7h00 et 16h00). Cette cité, dont la construction remonte à 140 ans tout au plus, offre peu de monuments historiques à visiter. En revanche, vous pourrez vous imprégner de son ambiance provinciale tranquille en flânant de quartier en quartier.

Le centre vile

Le centre vile se situe aux alentours directs de la place des Cocotiers. Ses rues se coupent à angle droit et abritent les principaux magasins de la ville, boutiques de mode, curios ou librairies (surtout dans les rues de l'Alma et de Sébastopol).

La belle esplanade en pente douce qu'est la place des Cocotiers remonte au tout début de l'histoire nouméenne, puisque la place Feillet, au sommet de la place, est l'ancien potager de la troupe transformé dès 1870 en square. On y édifia un kiosque à musique où, chaque dimanche, les déportés venaient sonner du clairon et de la trompette. Le kiosque actuel est une reproduction à l'identique de l'ancienne rotonde vaincue par les termites.

On aménagea également les trois quadrilatères suivants, on planta des flamboyants, des tulipiers et des cocotiers qui ombrageraient petit à petit la promenade, on installa des bancs. En 1893, le sculpteur Paul Mahoux dota la colonie d'une belle fontaine républicaine aux formes rondes et appétissantes. Pour l'anecdote, la femme qui servit de modèle était arabe.

En bas de la place, le gouverneur Olry statufié montre l'Hôtel de Ville, vaste cube sans grâce d'où s'échappent parfois le vendredi matin une mariée japonaise au bras de son élu. A l'intérieur, vous pourrez admirer le tableau du peintre de marine Gaston Roullet représentant la rade de Nouméa. En contrebas, vous trouverez les boutiques bric-à-brac tenues par des asiatiques souriants.

En remontant la place par la rue Jean-Jaurès, vous apercevrez l'ancienne mairie, jolie demeure coloniale toute pimpante qui devait servir de siège à la banque Marchand avant sa faillite retentissante en 1877.

En haut de la place, jetez un coup d'œil à l'école des sœurs Saint-Joseph de Cluny, une institution ici, qui a élevé des générations de petits Nouméens. Vous ne pourrez la manquer : son enceinte est aujourd'hui décorée d'une fresque inspirée du livre de la jungle.

Le quartier latin

Construit à l'emplacement d'un ancien marécage qui séparait la baie de la Moselle et le mont Coffyn, le Quartier latin étend son damier de rues de part et d'autre de l'avenue de La Victoire-Henri-Lafleur. Cet axe parallèle à la place des Cocotiers part du quai des Caboteurs pour remonter jusqu'à la place Bir Hakeim dominée par la caserne de Gally-Passebosc. Ce bel édifice de pierre est une des premières édifications en dur de la colonie. Le long de l'avenue où se dressent banians et cocotiers, vous pourrez apercevoir le poste de police et des banques en file indienne.

Les petites rues adjacentes ont parfois gardé les anciennes maisons de bois et leurs jardinets tropicaux.

Ne manquez pas d'aller faire un saut à la bibliothèque Bernheim, legs du "petit mineur" Bernheim. Installée dans le pavillon calédonien de l'Exposition universelle de 1900, elle abrite un fonds intéressant sur l'histoire océanienne sous les pâles rafraîchissantes des ventilateurs.

Toujours dans les parages, l'extraordinaire Musée néo-calédonien à ne rater sous aucun prétexte. Pour les réfractaires, sachez que le Territoire est très pauvre en musées, alors courage ! Dans un bâtiment sobre construit en 1971, vous découvrirez une très riche collection d'objets d'art mélanésiens, des flèches faîtières aux chambranles de case, des masques de cérémonie aux haches ostensoir, monnaies de coquillage, jupes de fibre et marmites. Au rez-de-chaussée, la structure d'une case de chef a été reconstituée ainsi qu'une pirogue. A l'étage, l'exposition s'attache à montrer des pièces venues d'autres îles océaniennes. Dans le jardin, on peut voir une grande case et son allée centrale. Chaque vitrine est expliquée par une courte note informative. Ce musée permettra au touriste de passage de mieux appréhender la culture insulaire.

Du côté du port, vous trouverez le nouveau marché très actif entre 7h00 et 9h00 du matin. Des étals de légumes aux

Une belle demeure coloniale.

empilements de fruits, des caisses de poissons frais aux pièces de viande encore sanguinolentes, des achards façon réunionnaises aux gâteaux, vous pourrez avoir un aperçu de la variété alimentaire de l'archipel et de la vivacité de ses ménagères. Juste à côté, la gare routière sous l'ancienne halle est un rendez-vous épique où toutes les ethnies se rencontrent.

Le port

La baie de la Moselle, ainsi baptisée en 1862 à la suite du naufrage du ponton *La Moselle*, est située en plein centre vile. Une nouvelle gare maritime est facilement repérable grâce à son toit de voilures maintenues autour d'un mât haut de 30 mètres. Port-Moselle est devenu une marina moderne avec ses pontons où s'amarrent yachts et voiliers, une petite capitainerie ouverte jour et nuit. C'est d'ici que partent les bateaux d'excursion. Surplombant cette forêt de mâts, l'Hôtel de la Province Sud brille d'un bleu flambant neuf. Juste à côté, un monument en céramique commémore le cinquantenaire de l'arrivée des troupes américaines.

Côté marchandises, les activités portuaires sont concentrées sur la grande rade, à l'anse du Tir et disposent d'infrastructures très modernes. La SLN jouit de l'usage privatif d'un quai où des minéraliers peuvent décharger directement.

Les hauts quartiers

Les monuments anciens ont préféré la sécurité de la terre ferme à l'instabilité des marais et ont donc élu domicile sur les hauteurs de la ville.

La Cathédrale Saint-Joseph perchée sur la butte du Cap Horn élève ses deux tours symétriques depuis plus d'un siècle. De style gothique, elle a été édifiée selon les plans du déporté Labulle. Les ouvriers de la transportation et d'anciens déportés mirent la main à la pâte pour achever en dix ans ce bâtiment aux dimensions respectables (nef longue de 60 m, large de 12 m, haute de 15 m, croisée d'un transept de 36 m et flanquée de deux tours de 25 m de hauteur). Elle fut consacrée en 1894. On remarquera la statue de Notre-Dame-des-Flots au sommet de son pignon, cadeau des marins de commerce, la rosace centrale, le lustre de nickel, le mobilier en bois locaux et les massifs bénitiers à l'entrée. Il faut savoir que c'est le R.P. Vigouroux qui dirigea la fabrication de la voûte selon une technique sud-américaine. Mais ce qu'il y a de plus magique en ces lieux sacrés, c'est bien la vue plongeante sur l'eau bleue du lagon.

Sur le boulevard Vauban se dressent encore de belles bâtisses coloniales, comme le collège Sacré-Coeur, ancien hôtel du directeur de la Pénitentiaire, au n° 12 la maison de Georges Baudoux, au n° 13 la résidence du général Patch...

Le temple protestant, datant de 1893, voisine avec les consulats de Nouvelle-Zélande et d'Australie, le Congrès du Territoire encadré de deux beaux chambranles dus au sculpteur calédonien Rémy Weiss et le

Le marché de Nouméa et le Surf Novotel situé à l'Anse Vata.

Haut-Commissariat. Le quartier administratif a aujourd'hui beaucoup perdu de son charme.

Les baies

Un des grands agréments de Nouméa est cette persistance de la mer qui n'en finit pas d'être là, à la sortie d'un tournant, au pied d'une colline, dans l'enfilade d'une avenue... Dans cette péninsule au rivage dentelé, les rades succèdent aux anses, et les anses aux baies. Vous pourrez suivre les caprices du littoral à pied ou en voiture (15 km environ).

En grimpant en haut du mont Coffyn (78 m), vous aurez une vue dominante sur le Quartier latin et la baie de la Moselle à l'ombre d'une croix de Lorraine plantée là en mémoire du ralliement à la France Libre. Un peu plus loin, le mont Vénus offre un panorama sur toute la presqu'île et ses échancrures. En redescendant, vous parviendrez à la baie de l'Orphelinat, ainsi dénommée car elle abritait la pension qui accueillait les orphelines candidates au mariage.

Entre la pointe Brunelet et la pointe Chaleix, une marina moderne et coquette sert de base nautique.

De l'autre côté s'ouvre la baie des Citrons avec sa plage très fréquentée le week-end à l'ombre des branches horizontales des *baringtonas*. Des plongeoirs de couleurs vives flottent dans le lagon. Le long de la route côtière, des restaurants et petits snacks se succèdent. Le Rocher à la Voile s'avance fièrement dans les eaux. Il reste gravé dans la mémoire des Nouméens comme le dernier quai des adieux aux temps

La cathédrale Saint-Joseph domine le nouveau marché et la marina de Port-Moselle.

révolus des paquebots et navires. En face, l'Aquarium de Nouméa mérite le détour. Vous y verrez dans des bassins alimentés par l'eau de mer et éclairés de la lumière naturelle, des poissons, mollusques et crustacés locaux mais aussi des coraux et éponges. Une salle magique, celle des coraux fluorescents, fait penser à des feux d'artifice figés en pleine splendeur.

Au delà s'étend l'Anse Vata, longue plage alanguie sous le soleil. Reliée à la ville par un simple sentier, la belle Anse fut rattachée au centre vile par une longue route serpentant dans les collines. Le quartier de l'Anse Vata est aujourd'hui colonisée par d'élégantes villas agrémentées de jardins. Sur la promenade du bord de mer, on notera les bâtiments de l'ORSTOM et de la Commission du Pacifique Sud. Tout au bout, à la pointe Magnin, le Club Méditerranée côtoie aujourd'hui le tout nouveau Méridien. Juste au dessus, la superbe piscine olympique et un boulodrome pour les amoureux de la pétanque.

Grimpez en haut du Ouen Toro et vous pourrez vous délecter d'une vue à 360° sur Nouméa. C'est d'ici que le jeune Louis Desnos aperçut la flottille américaine un certain 12 mars 1942.

La promenade Pierre-Vernier, ouverte en 1929, contourne le Ouen Toro et prolonge la route littorale jusqu'au Port Despointes. Circuit très couru des joggeurs, elle peut également se pratiquer au rythme de la marche. Vous aurez tout loisir d'observer les îlots N'géa et Uéré et les jolies maisons de Val Plaisance. Puis en direction de Magenta, l'aéroport intérieur créé en 1942 par les Américains, vous longerez une plage où les Nouméens aiment ramasser les coquillages et une zone marécageuse.

Les anciens faubourgs de l'est

Du côté de Magenta se trouvent des vieux quartiers où l'on peut encore apercevoir

Le site de Doniambo.

quelques demeures coloniales plus ou moins délabrées. Au faubourg Blanchot, la maison Célières (21, rte du Port Despointes) a été maintes fois photographiée, tandis que la maison Werquin est un exemple de l'architecture des années 1930. Dans la vallée des Colons, l'église Saint-Jean Baptiste au toit de tôle rouge a des allures vaguement méridionales. Elle est au bord de la première sortie de la ville qui passait par Pont-des-Français. A ne pas manquer : le château Hagen (rue du R.P. Roman) et son parc arboré, un vestige du luxe nouméen d'antan.

Arrivé à la Route Stratégique, ainsi appelée du fait des postes de surveillance espacés de proche en proche sur ses flancs, vous filerez à travers monts et apercevrez au détour d'un virage les fumées de Doniambo, Nouville et Ducos. Le Parc Botanique et Zoologique offre à quelques kilomètres du centre vile un havre de paix rempli d'essences endémiques et quelques animaux de l'archipel, dont le cagou et la roussette.

LES ALENTOURS IMMEDIATS

Nouville

Achetée au capitaine-santalier Paddon dès les premières heures de la colonisation, l'île Nou fut déclarée propice à l'installation d'un pénitencier en 1863. Le bagne de Guyane très insalubre ne suffisait plus et il fallait de toute urgence trouver un autre lieu d'exil et de punition. Or, l'île Nou, enceinte naturelle entourée d'eaux infestées de requins, jouissait d'un climat sain. D'ailleurs, la prise de possession de la Nouvelle-Calédonie avait déjà été motivée en partie par le projet d'y établir une colonisation pénale. Une fois le décret impérial pris, les choses allèrent très vite. Une premier convoi arriva dès 1864. Aussitôt débarqués, les forçats durent se mettre au travail pour construire baraquements, cuisines, écuries, etc. Au fur et à mesure des arrivées, le pénitencier se dotait de nouvelles infrastructures, chapelle, forges, ateliers de menuiserie, boulangerie...

A l'entrée de l'île aujourd'hui ralliée à la terre par la route, vous verrez le petit port et sa jetée de pierre. A cet emplacement, vous pourrez voir des bâtiments témoignant de l'époque du bagne : la maison du Commandant, la boulangerie, les ateliers, les logements des surveillants (aujourd'hui occupés par des organismes culturels). En poursuivant la route, vous longerez une grande église jamais consacrée, puis sur la gauche les ruines de la maison du bourreau. Enfin, vous pourrez pénétrer dans l'actuel hôpital gériatro-psychiatrique, dont la construction remonte aux années 1870. A gauche, un bâtiment à l'abandon comprend de minuscules et sombres cellules d'enfermement. Triste souvenir !

Pour finir plus agréablement cette étape chez "les gens d'en face", rendez-vous à l'anse Kuendu, où une jolie plage agrémentée d'un restaurant vous attend.

Doniambo, périmètre du nickel

L'idée de créer une usine de fusion du nickel avait germé dans l'esprit des deux gros bonnets du nickel MM. Higginson et Hanckar dès les années 1870. Avec l'aide d'un industriel métropolitain, M. Le Mescam, l'usine voit le jour en 1877 sur la pointe Chaleix. Mais, les caprices du métal vert allaient condamner dès 1884 les ateliers qui s'arrêtèrent de tourner. C'est en 1909 que les établissements Ballande, propriétaires de la toute nouvelle Société des Hauts-Fourneaux, relance la fonderie en choisissant pour site la presqu'île de Doniambo. En 1931, la SLN et la Société des Hauts-Fourneaux fusionnent et Doniambo tourne à plein régime.

Depuis, les techniques ont évolué. Les anciens fours "water-jackets" ont été remplacé par des fours de plus en plus perfectionnés. La SLN a parallèlement subi un certain nombre de changements d'actionnaires pour appartenir aujourd'hui au groupe ERAMET-SLN qui regroupe les activités minières de Nouvelle-Calédonie, l'usine de raffinage de Sandouville ainsi que l'ensemble des activités de commercialisation.

Sur 210 ha, l'usine de Doniambo transforme les tonnes de minerais extraites en mattes qui seront acheminés au Havre et purifiés à Sandouville.

La SLN est le premier employeur de l'archipel avec 2 300 salariés.

La presqu'île Ducos

Sans intérêt touristique, cette zone industrielle ne mérite le détour que si vous êtes attaché à l'histoire de France et plus particulièrement à l'épisode de la Commune. 888 déportés politiques vécurent dans cette enceinte fortifiée entre 1872 et 1880. Une certaine Louise Michel faisait partie de ces condamnés. La baie des Dames rend un hommage posthume à ces 16 femmes à l'esprit révolutionnaire.

Ici, vous pourrez aller jusqu'à l'hôpital Raoul-Follereau, installé dans l'ancien camp de la Déportation, et où sont soignés les quelques cas de lèpre. Le centre culturel Ko We Kara, que l'on aperçoit très bien de la route à péage, d'inspiration plus papou que kanak, accueille toutes sortes de manifestations artistiques

La plage de l'Anse Vata .

LA COTE OUEST

De savanes en pâturages, de stations isolées en petites communes étalées le long de la route, la côte Ouest étale ses collines et vallons, ses baies et marécages au pied de la Chaîne centrale. Aller à sa découverte, c'est entreprendre un voyage en terre d'élevage où l'homme se fait rare comme écrasé par l'immensité du paysage, c'est remonter le cours du temps jusqu'au début de la colonisation agricole, c'est encore partir à la rencontre des tribus perchées dans les contreforts...

Des petits noyaux de colonisation s'installèrent très tôt sur la côte ouest à l'orée de Nouméa. Il y eut évidemment les colons Paddon à Païta : ces familles venus du Wurtemberg faire fortune en Australie que James Paddon ramena en Nouvelle-Calédonie avec lui. Très vite, ils se construisirent des maisons et plantèrent des fruits et légumes, dont les fameux haricots Païta. Il y eut aussi des colons isolés, comme le bourbon Numa-Joubert qui introduisit la culture de la canne à sucre au bord de la Dumbéa. Suivant son exemple, d'autres créoles vinrent dans la colonie et transformèrent les rives de la Ouaménie en un joli tapis vert d'où s'échappaient de loin en loin les hautes silhouettes des moulins. Avec l'arrivée des pénaux et l'agrandissement du domaine pénitentiaire, un commencement de désenclavement de la brousse s'ébauche. Une ferme agricole est ouverte à Bourail. A la fin des années 1870, tandis que l'expérience sucrière succombe sous l'assaut des sauterelles, un service de tour-de-côtes assure la liaison avec Nouméa. La fin du XIXème et le début du XXème siècles voient un nouveau flot de candidats-paysans affluer sur les terres des réserves indigènes. La culture traditionnelle laisse la place à l'élevage extensif sur le modèle australien, ce qui ne manquera pas d'exaspérer les tribus qui voyaient leurs réserves piétinées par le bétail. Ce fut la cause principale des deux grandes rébellions de 1878 et de 1917.

Durant toute cette période, la brousse reste un domaine peu sûr, où vagabondent des évadés du bagne et des relégués, où les relations avec les tribus sont parfois si mauvaises que des gestes de vengeance sont possibles. A l'écart de la ville et de ses infrastructures, on meurt ici d'une simple appendicite ou d'un accouchement difficile. Les enfants doivent traverser des rivières en crue pour aller à l'école, quand celle-ci existe. Mais, la brousse, c'est aussi un espace de liberté. Dans les creeks, on taquine le poisson ; dans la forêt, on chasse le notou ou la roussette. Et l'on ne quitterait pour rien au monde ce coin de nature.

AU FIL DE LA ROUTE

De Païta à la Tontouta, les jardins de Nouméa

En sortant de Nouméa, préférez l'ancienne route de Païta à la voie rapide à

A gauche, la plaine de Foué vient buter sur le massif de Koniambo. En bas, marché à Bourail.

péage. Vous aurez alors une belle vue sur les montagnes et leurs pléiades de verts. A l'Hermitage, prenez à droite en direction des monts Koghis. Au bout de la route, à partir de l'auberge du Mont-Koghi, vous pourrez entreprendre une excursion pédestre dans la magnifique forêt de houps, kaoris et autres bois-bleus. De nombreux parcours (de 1h à 6h de marche) sont indiqués. Au retour, une halte à l'auberge sera la bienvenue.

En poursuivant la RT1, vous arrivez à la Dumbéa, petite commune très prisée des calédoniens qui apprécient tant le canyoning sur la rivière que le golf municipal ou les randonnées équestres à partir de l'Appalosa.

Après Dumbéa, au km 25, il faudra arrêter votre voiture pour aller admirer les pétroglyphes inscrites sur les pierres de la rivière en contrebas. Attention, la signalétique est peu visible. Païta, longtemps terminus du petit train, conserve la tombe de celui qui fut à son origine, James Paddon (au bord de la voie E2).

De là prenez la petite route de Tiaré qui offre de belles perspectives sur la baie dentelée de Port-Laguerre dans un paysage de savane. De retour sur la RT1, vous dépassez le Cocecolocoa (d'où la légende veut qu'on précipitait les femmes adultères et les criminels) puis le centre de recherche agronomique et d'arboriculture. Au col des Pirogues (172 m d'altitude), admirez les belles terrasses en cascade du mont Mou, traces gigantesques d'une technique agraire ancestrale, la culture irriguée des tarodières. On utilisait alors comme réservoirs des pirogues. Une petite route à droite mène au sanatorium d'où vous pourrez partir à l'ascension du mont Mou (1 220 m, 3 h de marche), une occasion de vous familiariser avec la flore des maquis miniers et de la forêt humide. Non loin de là gît l'épave d'un bombardier américain.

La RT1 passe par la Tontouta, aéroport international aménagé par les troupes US

Le réseau routier qui dessert la côte ouest est de très bonne qualité.

pendant la guerre et qui fut le lieu d'atterrissage du périple aérien de Charles de Verneilh en 1932. C'est ici que commence véritablement le far west calédonien avec ses troupeaux de bétail paissant, ses stations et ses *runs*, ses éoliennes et ses niaoulis. La vaste baie de Saint-Vincent fermée par les îles Léprédour, Ducos, Hugon et Page recueille les eaux de la Tontouta, de la Ouenghi (rivière de pierres) et de la Ouaméni qui dévalent les flancs du massif Humboldt. Les paillotes de la Ouenghi offrent un refuge plaisant dans un cadre grandiose.

Bouloupari, La Foa et Moindou

L'agglomération de Bouloupari est un village de brousse comme un autre. Son hippodrome et son marché attirent de loin en loin une petite foule de Caldoches. Les ruines du château Devambez, grand colon du tournant du siècle, ont été classées. Allez jusqu'à Bouraké en prise directe avec l'enfilade d'îles fermant la baie. En chemin, vous longerez un élevage de cerfs et croiserez les restes d'une ancienne sucrerie. Filez maintenant jusqu'à La Foa en ayant une pensée pour les forçats-martyrs du camp Brun au km 96. Un peu avant La Foa, une pyramide a été élevée en mémoire du commandant Gally-Passebosc mort au combat en 1878.

L'hippodrome entièrement rénové de la Foa représente le seul intérêt touristique de ce village producteur de pommes de terre. Vous pourrez assister ici à des courses effrénées et à des rodéos endiablés. Le cheval est ici le maître, et, une fois la journée finie, les broussards se rencontrent souvent pour un match de polo.

Après un crochet à gauche par le fort de Teremba, ancien poste militaire construit en 1874 et la ferme d'aquaculture, revenez sur la route territoriale. Moindou a été fondée par des Alsaciens-Lorrains exilés après la défaite de Sedan. Ses rives où poussent d'épaisses bambounnières sont un lieu de promenade dans un décor champêtre et paisible.

Le col de Boghen

A la sortie de Moindou, prenez la route du col de Boghen. Des travaux de voirie sont en cours de réalisation. La piste actuelle monte en lacets offrant de magnifiques perspectives sur la mer et s'enfonce dans un paysage de montagne. Plus bas, après le col de Boghen, une piste part sur votre droite vers la tribu de Table-Unio, point de départ de randonnées dans la Chaîne. Plus loin, sur votre gauche cette fois, une piste mène à la tribu Ouaoué où vous pourrez admirer des pétroglyphes dans des grottes, seuls exemplaires souterrains découverts à ce jour.

En prenant la RT1 de Moindou à Bourail, vous passerez à côté du cimetière des Arabes (de nombreux exilés kabyles et berbères s'installèrent dans la vallée de la Nessadiou, surnommée vallée des malheurs) et du cimetière militaire néo-zélandais (Bourail servait de base d'attente aux boys coiffés à la Baden-Powell).

Bourail et ses alentours

Vous arrivez finalement à Bourail, cœur symbolique de la brousse. Ancienne implantation pénitentiaire, la colonisation n'acquit pourtant son véritable essor que tardivement.

Après le pont sur la Néra, vous apercevrez à droite le musée de Bourail qui relate notamment l'épisode néo-zélandais entre 1942 et 1945, mais aussi expose des outils et objets de la vie quotidienne d'un colon. A gauche, sur les hauteurs de la colline, la gendarmerie est installée dans l'ancien poste militaire, tandis que la poste a pris ses quartiers dans feu l'hôpital. La mairie et l'église coquettes forment le centre du bourg.

Les alentours de Bourail offrent d'agréables escapades.

Côté mer, rebroussez chemin sur la RT1 pour suivre la route qui longe la Néra. Après de lourdes pluies, la rivière houleuse charrie des eaux rouges et opaques. Au bout de huit kilomètres, vous arrivez en bordure de mer. Des falaises grignotées à leur pied par l'assaut des vagues tombent en à-pic dans les flots du Pacifique. C'est le site de la Roche Percée. Juste à côté, un monolithe naturel émerge majestueusement au dessus de l'eau. Son profil rappelle celui d'un visage, d'où son nom : le Bonhomme.

En prenant le circuit des crêtes, vous gravirez au dessus des falaises et dominerez cette portion de côte toute tarabiscotée, avec à vos pieds la baie des tortues et ses fantastiques gerbes d'écumes, les dentelles vertes et bleues des marais, la barrière de corail et l'île Sandié au loin. Versant terre, le panorama

La principale curiosité de Bourail : la roche percée et, double page suivante, son fameux bonhomme, la faille du lagon, la pêche aux crabes et la plage de Poé.

embrasse des cocoteraies, des pâturages et des collines.

En continuant la route, vous atteindrez la plage de Poé, langue de sable blanc parsemée de coquillages et de morceaux de coraux morts. L'hôtel Poé Beach vous invite à un séjour 100 % détente dans ses bungalows.

Côté terre, vous pourrez vous aventurer sur les pistes et les radiers de la vallée de Pouéo. Le calme est limpide. Des oies clapotent dans une marre. Quelques ranchs se succèdent de loin en loin. Un héron survole la rivière. Bambous, bananiers, palmiers, hibiscus détachent leurs feuillages sur un fond bleu azur. Une buse, surprise par la voiture, s'échappe à tir d'aile. Tout au bout, la tribu égrène ses cases. A 1/2h de marche à pied, une jolie cascade fredonne. Prenez ensuite la piste à droite qui rejoint la route du col des Roussettes. Et de nouveau ce sentiment de plénitude, d'étourdissement. Des pans de montagne éclatent leurs crescendo de verts contre un ciel d'un bleu si dense qu'on voudrait s'y noyer. Attention, regardez tout de même la piste, car vous pourrez y croiser d'énormes breaks chargés de familles entières.

De retour sur l'asphalte, vous redescendez vers Bourail et croisez la ferme de Néméara, ancienne ferme-école accolée d'une église tenue par les Maristes pour les enfants des forçats. Aujourd'hui restaurée, elle dénote joliment dans ce cadre de verdure.

Promenade équestre sur la plage de Poé et brumes matinales à la tribu de Bopope.

De Bourail à Pouembout

Au delà de Bourail, à partir du col du Bonhomme, la route traverse des plaines herbeuses striées d'enclos et de quelques poteaux électriques. A gauche des vallons parcourus de creeks ondulent doucement vers la mer, à droite le Mé Maoya (1 508 mètres) se perd dans les nuages. Les troncs argentés des niaoulis accrochent les derniers reflets du soleil. Au col de Poya, à l'emplacement du calvaire, une vue panoramique s'étend sur la vallée où l'on aperçoit niché dans une cocoteraie le toit rouge de l'église de Poya. Une fois le creek Amik franchi, vous êtes en Province Nord.

Un peu avant Basse-Poya, prenez la piste en direction de la tribu Neklia. A la fourche suivante, poursuivez sur votre droite. Six kilomètres plus loin, descendez le sentier à gauche qui vous mènera aux superbes grottes d'Adio. Ses galeries creusées au pied d'une tour de calcaire forment un parcours total de six kilomètres. Vous pourrez avec l'aide d'un guide, à demander à la mairie de Poya, visiter la grande salle située à 150 mètres de l'entrée. De retour sur la piste, vous apercevrez du col de Boëwé les roches d'Adio, masse noire et hérissée, en bas desquelles se trouve la tribu de Gohapin.

En reprenant la route de la province nord 1 (RPN1), après Basse-Poya, vous verrez le château Muéo que fit édifier le colon Escande à la fin du siècle dernier. Dernière station desservie par la route jusqu'en 1923 ! Au loin, les entailles de la mine sont comme des blessures béantes sur le massif de Boulinda.

Sur la presqu'île de Muéo, la SLN a fait construire en l'espace de quelques mois une cité ouvrière complète avec logements, église et école. Aujourd'hui, Népoui semble ressusciter grâce à l'exploitation de gisements nouveaux sur la face nord du massif de Kopéto. Un transbordeur relie les sites d'extraction à l'usine d'enrichissement.

Plus loin sur la RPN1, la plaine des Gaïacs, utilisée comme un gigantesque aérodrome par les Américains, s'enfonce dans le lointain. Les gaïacs, cousins des niaoulis et autres acacias, poussent ici en pagaille et se parent de jaune à la floraison

Bopope : la case du Chef et de jeunes enfants de la tribu sur les berges de la rivière Tiwaka.

Pouembout et Koné

Une petite côte après Goyetta permet d'embrasser un magnifique panorama sur la vaste plaine entre Pouembout et Koné, avec en toile de fond le massif de Koniambo strié de cicatrices minières. Depuis les accords de Matignon, le plan de rééquilibrage des régions a transformé ces deux bourgades tranquilles datant de la fin du siècle dernier en une agglomération à vocation provinciale. Un lycée, un centre de formation professionnelle, l'Assemblée de la Province Nord et des bureaux administratifs ont donc été édifiés.

De Pouembout, vous pouvez vous rendre à la cascade de Ouendé haute d'une centaine de mètres en suivant la route qui remonte son cours. Arrivé au bout, vous serez à 1/2 h de marche du site.

Koné investi depuis peu par les Européens est en revanche un lieu d'habitat ancien des mélanésiens comme en témoignent les éclats de poteries retrouvés dans des fouilles sur la plage avoisinante de Foué. Aujourd'hui, l'endroit a gardé un charme sauvage loin des clichés exotiques avec ses marécages et ses canards sauvages.

A Koné, une piste caillouteuse et ravinée est la seule voie d'accès à la tribu d'Atéou. Après avoir traversé quelques kilomètres de pâturages et un creek où s'amusent les enfants, vous aborderez la montée abrupte et vertigineuse vers le plus haut village de la Chaîne. Un festival grandiose de vues sur la

Koumac : une vue aérienne de la cité et, à droite, l'ilet de la Table posé dans le lagon.

côte ouest et les sommets vous attend. Quand le ciel se met de la partie et vous invente un arc-en-ciel, l'instant d'émotion devient réalité. Quelques cases éparses signalent l'emplacement des tribus. A la sortie d'un virage, se détache au loin la silhouette blanche d'une église, les arêtes des pins colonnaires et quelques cases chapeautées de leurs flèches faîtières. La nature abonde de fougères arborescentes et de niaoulis, de houps et kaoris... Vous êtes à Atéou, à 400 m du niveau de la mer et à cent lieues de la civilisation moderne. Pour prolonger le dépaysement, vous pouvez entreprendre la traversée à cheval jusqu'à Népaoué sur le versant est sur les traces de vos guides Patrick Ardimini (tél : 35 53 58) ou Eric Tikarso (35 51 51).

De Koné à Koumac

Puis, la RPN1 déroule avec entêtement son ruban toujours plus au nord. Les montagnes et les plaines défilent à l'horizon. Vous dépasserez Voh et son monument aux morts. Si l'ethnologie vous intéresse, vous pourrez avec l'autorisation coutumière et assisté d'un guide rémunéré aller contempler la grotte funéraire de Faténoué. Les ancêtres momifiés sont suspendus dans des hamacs de lianes aux racines d'un banian.

C'est à Gatope que les marins de la *Reine des îles* et du *Secret* furent massacrés par les Canaques en 1865 soulevant une forte émotion dans la colonie.

Retour sur la RPN3. Au sommet d'une côte dérisoire, le col de Témala, vous aurez la sensation très nette de votre insignifiance face à l'infiniment grand. Tout autour de vous, les éléments se déchaînent : les pics déchiquetés à moitié pelés sont engloutis dans des cumulus obèses, l'océan Pacifique tangue au rythme des marées, les plaines s'affalent paresseusement sur un tapis de steppes...

Détour à Ouaco, terre la plus proche de l'Australie, point de départ de deux petits coucous solitaires et braves en partance pour le continent voisin en 1931 et 1939. Ouaco fut surtout connu pour ses boîtes de conserve, et notamment ses fameux bœufs en gelée.

Un peu plus loin, la SMPS est en pleine activité. Elle extrait du minerai dans le massif d'Ouazangou-Taom. Vous pourrez visiter les installations en demandant l'autorisation à la société. Cette ancienne propriété Lafleur est aujourd'hui aux mains de la Province Nord.

A Kaala-Gomen, une église vous attend. Si le village (appelé du nom de la tribu mélanésienne voisine et originaire) est entré dans l'histoire, c'est par le biais de l'huile de niaouli, dont les Canaques connaissaient les propriétés apaisantes. Une usine fut construite à la fin du siècle dernier. Des feuilles pressées, on obtenait l'essence thérapeutique, appelée Goménol. Dans la baie, des minéraliers viennent charger.

Après Troulala (un nom qui fait sourire), vous parvenez à Koumac. L'église Saint-Jeanne-d'Arc de construction récente a été décorée par le sculpteur Rémy Weiss et mérite une visite. Ici vécut le broussard-écrivain Georges Baudoux. La rue commerçante porte d'ailleurs son nom. Le sol karstique a formé dans les gorges de la Koumac une sorte de canyon où se déversent de nombreuses rivières souterraines. Deux belles grottes, la grotte du Vent et le réseau de Koumac, s'enfoncent dans la paroi. Un itinéraire fléché part de la rue Georges Baudoux.

LE NORD

Montagnes saignées par les mines, maquis broussailleux, marais saumâtres, baies profondes, chapelet d'îlots éparpillés au large, la terre du nord est âpre et désolée. Rares sont les hommes à habiter ces parages reculés et ceux qui sont restés sont tout imprégnés de ce caractère sauvage.

La pointe

Passé Koumac, vous empruntez la dernière portion de la RPN1. La route est peu fréquentée ici et moins entretenue qu'auparavant. Les rivières, pour peu qu'il pleuve un peu intensément, s'affolent dans les radiers. A la tombée du jour, les rideaux de pluie se teintent de reflets roses ; la mer se pare de violet. Vous êtes à l'heure mauve des Tropiques. Juste après Koumac, la RPN 8 mène aux plages de Tangadiou et Paagoumène, puis plus loin au village-fantôme Thiebagi juste à côté de l'emplacement d'une mine de chrome maintenant abandonnée. Car, au début de l'aventure minière, le drand nord connut des heures de gloire et fut l'objet de convoitises. Aujourd'hui, les traces de cette exploitation marquent à tout jamais les flancs des montagnes.

Une halte agréable vous attend le long de la baie de Néhoué au Malabou Beach Hôtel. Cette infrastructure s'inspirant du style mélanésien offre un accueil chaleureux et toute une panoplie de loisirs. Au delà, vous accédez à la localité la plus septentrionale de la Grande-Terre, Poum. Suspendu aux confins de l'île dans un paysage aride où l'ombre est chiche et le soleil de plomb, Poum est un village coquet avec ses huttes traditionnelles et ses cases en tôle ondulée, avec ses jardins fleuris, son arrêt de bus décoré d'une fresque, et sa jolie chapelle. La mangrove n'est pas loin à en croire le nombre de moustiques ! La gendarmerie, les pieds dans l'eau, semble sommeiller. Le drapeau tricolore de la mairie flotte au-dessus des vagues. Pas un seul bruit ne résonne, pas une seule âme ne traîne dehors. Il est midi, l'heure *no man's land.*

Mais, la pointe de l'archipel n'en finit pas de mourir. La piste s'échappe par monts et par vaux, entre mangroves et cocoteraies, maigres niaoulis et cailloux blancs. Le sol hésite ici entre le rouge et le blanc, entre la silice et la latérite. Quelques chèvres vagabondent, des chevaux galopent au loin. Au sommet d'une petite montée, au col de Tiaoui, la vue s'égare dans cet univers dénudé où les monts s'inclinent devant l'audace turquoise de la baie de Tiabet. L'horizon est barré par les îles du grand récif des Nénéma. La piste se termine à Boat-Pass. En face, l'île Baaba.

Pour oublier le monde et ses soucis, vous pouvez faire une étape au gîte Poingam. Dépaysement garanti.

De retour vers Poum, vous pouvez choisir le circuit d'Arama, qui offre en haut des monts Ninndo un magnifique panorama sur la baie d'Harcourt, les bouches du Diahot, l'île et la presqu'île de Pam à l'est et la baie de Néhoué à l'ouest. Cook envoya quelques uns de ses marins visiter la tribu Arama.

Au nord de la Grande Terre, les îlots de Yenghebane semés sur le lagon émeraude.

Les îles

L'archipel des Néméma, à proximité immédiate de la Grande-Terre, est aujourd'hui encore habité même si le manque d'eau et d'infrastructures attire sa population vers la Grande-Terre. Les premiers Européens, baleiniers et autres capitaines-trafiquants, ont trouvé dans ses parages une nouvelle terre d'asile. Leurs descendants métis sont encore très nombreux.

Les îles Belep (Art, Pott, Daouinth et îlots Daos) ont dérivé beaucoup plus loin au nord. Alliées traditionnellement aux gens des Néméma, les tribus des Belep rentraient souvent en guerre contre Arama et Koumac. La pratique de la navigation leur permettait en outre d'être en relations avec d'autres îles océaniennes ainsi qu'avec les hommes de Balade, de Hienghène et de Koné. La pêche dans les fonds poissonneux alentour constituait leur principale richesse qu'ils pouvaient échanger contre des tubercules lors d'un *piré*, cette rencontre commerciale coutumière entre tribus de l'intérieur et tribus côtières. Selon les recherches du père Dubois, ethnologue contemporain, l'origine du peuplement des Belep viendrait d'une pérégrination de samoans partis à l'aube de notre millénaire qui aurait finalement abouti au XVIème siècle sur l'île d'Art.

L'épidémie de lèpre à la fin du siècle passé entraîna les autorités à choisir Art pour mettre en quarantaine les malades. Ses habitants durent alors partir pour la Grande-Terre pendant six ans.

Aujourd'hui, un petit aérodrome permet une visite dans ce coin de verdure, ultime point de suspension des énormes massifs miniers du nord. Entre fonds coralliens et cases paisibles. Attention, aucun hébergement n'est possible ici.

En haut et ci-contre, aux îles Belep.
En bas, un moment de repos apprécié par les pêcheurs de Yenghebane.

LA COTE EST

Immenses cascades plongeant de quelques centaines de mètres au pied d'un paroi abrupte, rivières bondissantes se métamorphosant à l'approche de la côte en paisibles estuaires s'élargissant, ombre grandissante des montagnes à l'heure où les roussettes prennent leur envol, plages de sable fin bercées de cocotiers, pelouses et cultures traditionnelles aussi soignées que les jardins de curé, boîtes aux lettres sagement alignées le long de la voie au fil des cases... La côte au vent, coincée entre lagons et montagnes, mêle dans une symphonie de couleurs la limpidité des îles tropicales et la turbulence nébuleuse des moussons asiatiques.

Balade

La route venant de Ouegoa suit la corniche avant d'arriver à Balade. On comprend l'émerveillement qu'éprouva Christophe Colomb en découvrant ces lieux en 1774 ; *La Résolution* mouilla sur la plage de Koulnoué M'Balan, à 3 km au nord de Balade. Avec ses collines verdoyantes et sa belle rade, Balade est un lieu enchanteur. Les maristes établirent ici la première mission de la Grande-Terre en 1843. Ils célébrèrent le jour de Noël la première messe de la Colonie sous un banian (un autel sur la plage de Mahamate commémore cet événement). Bien acceptés au début, ils sont considérés par les indigènes comme des dieux. Mais une disette prolongée et une épidémie discréditent les missionnaires. L'extrême onction est interprétée comme le baiser de la mort. Le frère Blaise est tué, les autres se réfugient à Pouébo avant d'embarquer à bord de la corvette *La Brillante* qui croisait dans les parages par la pure volonté du Saint-Esprit. Il faudra l'entêtement de Mgr Douarre pour que les missions reviennent en 1851 et 1852 sur leurs sites d'origine.

Aujourd'hui, la chapelle de Balade surmonte une petite pente toute en pelouse. Reconstruite en 1918 et 1924, elle se trouve à l'emplacement exact de la première église édifiée sur la Grande-Terre. Juste à côté, la tombe du moine Blaise rappelle les heures anciennes, tandis qu'un hangar en demi-lune témoigne du passage des américains. Des marais s'étendent vers la mer.

La route continue vers Pouébo avec de part et d'autre du bas-côté des petits étals chargés de statuettes, bananes, coquillages et autres pièces artisanales. Les vendeurs ne sont pas toujours présents mais un panneau indique le prix des articles. Cette pratique est héritée du temps où les guerres tribales empêchaient la tenue des pirés ; on échangeait alors des biens en laissant à un endroit convenu à l'avance la contrepartie du troc. Aujourd'hui, l'apport monétaire de ce

Hienghène : les rochers de Lindéralique et une lavandière dans une des nombreuses rivières.

La fameuse poule de Hienghène.

petit commerce n'est pas négligeable pour une famille. Alors que la route de la côte sous le vent laissait de grands intervalles vides de toute habitation, les cases, rondes ou carrées, en torchis ou en tôle ondulée, se succèdent de proche en proche sur cette frange infime de l'océan.

Pouébo

Comme un peu partout sur cette côte, le monument le plus visible est encore une fois l'église. Construite en 1860, en haut d'un élévation naturelle, elle abrite en son sein le mausolée de marbre blanc de Mgr Douarre. Juste à côté, une grande école retentit des cris des enfants. Après la rivière, la mairie s'est installée dans la demeure d'un ancien colon Feillet, Maurice Janisel. Particulièrement dynamique, ce jeune homme avait transformé la mangrove en vaste rizière et créé une première centrale hydroélectrique qui alimentait la vallée avant même que Nouméa ait été électrifiée.

Après Oubatche, poste militaire dès 1868, le bitume laisse la place à la terre battue. Les tribus forment un long chapelet en bordure de la voie. Un bus dépose d'arrêt en arrêt des flopées d'écoliers. Vers quatre-cinq heures de l'après-midi, l'atmosphère est à la détente. On va à la rivière admirer une belle anguille, on rentre des champs la sagaie à la main, on discute assis devant la maison. Les cascades se frayent un chemin à travers les pierres, les bambous et les assauts d'une végétation déchaînée. Des fougères arborescentes déploient leurs frondes à la façon d'une élégante ombrelle. Des caféiers sont chargés de cerises noires, prêts à être récoltés. Près des cases, des poules traînent leur file de poussins. Des chiens déambulent du bout de leurs pattes. Quelques vélos sont adossés contre les murs des maisons. Des tombes abondamment fleuries honorent les morts. Au loin, la chaîne se redresse et crache de blanches hémorragies, somptueuses cascades avalant le vide en chute libre. Des vaches paissent l'herbe grasse de quelques prairies. Sur un radier, des hommes font une partie de pétanque. Le jour "versant est" ne semble connaître que le rythme uni du soleil, la cadence régulière de la lune, les caprices de la pluie et la persistance des saisons.

Hienghène

Moment magique que cette arrivée à l'estuaire de la Ouaïème. A vos pieds s'étale une rivière aux dimensions de fleuve venant des entrailles de la terre, d'une faille étroite de la Chaîne centrale. En face, à la tombée du jour, les montagnes s'ornent de reflets rouges et or. Un bac vous achemine sur l'autre rive en un rien de temps. On regrette déjà cette traversée si courte, ces petites minutes belles comme l'émotion et aussi sauvages que la passion.

De l'autre côté, les roches d'Ouaïème se soulèvent d'un seul bloc au dessus de l'Océan. La piste tient à peine entre la verticalité liquide du lagon et l'horizontalité solide des parois. Acrobates de la nature, des pandanus et banians accrochent leurs racines aériennes dans les anfractuosités de la roche. Quelques tribus côtières flanquent encore les plages et marais. Puis, vous apercevez la baie de Hienghène.

Village européen qui connut les événements tragiques de 1984, Hienghène est à lui seul un condensé de l'histoire calédonienne faite d'ambitions contradictoires, de promesses non tenues, de rancœurs et d'incompréhensions.

Dès 1843, le santalier Richards passe un accord avec le grand chef Bouarate pour exploiter la forêt. Par esprit de curiosité, ce même Bouarate accepte d'accompagner l'anglo-saxon en Australie. Il apprend les manières européennes et est surnommé "le Roi de Nouvelle-Calédonie". Insoumis, il irrite les autorités qui l'envoient en exil à Tahiti. La région pacifiée -elle ne participera pas à la révolte de 1878-, on installe à Hienghène un poste militaire sur la pointe Kalégone. Des colons libres débarquent alors ; on leur a attribué les meilleures terres des Canaques, très nombreux ici. En 1897, un conflit entre les tribus de Bouarate et Goa fait un temps frémir la petite communauté européenne. De nouveau, en 1917, un épisode sanglant secoue la vallée. C'est l'assassinat des époux Grassin. En 1919, à la plus grande surprise de l'administration, le procès révèle que le chef d'orchestre de la rébellion de 1917 était bel et bien le "loyaliste" Jean-Baptiste Doui Bouarate. Après un long épisode d'asphyxie, le plan Guyon et ses caféières sortent les tribus d'une torpeur mortelle. La vie reprend ses droits. Le fils de la vallée Jean-Marie Tjibaou abandonne la prêtrise pour se consacrer à la cause canaque. Il rentre dans la vie politique au sein de l'Union Calédonienne. En 1977, il est élu maire de Hienghène. Mais, le climat général se dégrade. La redistribution des terres va trop lentement, l'autonomie est remise en question. Les indépendantistes gagnent du terrain dans le cœur des Canaques et Jean-Marie Tjibaou devient le porte-parole de cet espoir. Les deux communautés, l'indigène et l'exogène, se font face dans une incompréhension de plus en plus bruyantes. En 1984, le boycottage actif des élections se traduit par le saccage des maisons des Caldoches ayant osé participé au vote. Pour se venger, sept hommes de la vallée montent un guet-apens sur la route de Tiendanite et tuent à bout portant dix hommes de la tribu dont deux frères de J.-M Tjibaou. Le procès conclura au non-lieu, laissant dans l'histoire calédonienne une plaie vive. Aujourd'hui, deux carcasses de 404 brûlées et une stèle rappellent ce fait divers au retentissement historique.

Après tant de haine, le village de Hienghène dispersé sur la rive gauche semble d'un calme trompeur. Et, pourtant si le pont

Le dernier bac de la Nouvelle-Calédonie et, à droite, une vue de la vallée de la Gaanatch.

est bloqué, c'est simplement parce que les tribus de la chaîne manifestent contre le manque d'alimentation en eau.

De l'autre côté, le Centre culturel mélanésien est un lieu d'expositions et de rencontres artistiques. Un peu plus loin, au col de Hienghène, une route part sur la gauche vers un point de vue magnifique. Vous verrez du haut d'une falaise la silhouette caractéristiques de la Poule, énorme masse calcaire plongée dans l'eau, et celle du Sphinx, qui bouchent le double estuaire de la Hienghène et de la Tanghène. Au loin, les îles Hienga, Hiengabat et Tiguit éclaboussent la surface plane de l'Océan. De part et d'autre, les parois noires et ébréchées de Lindéralique donnent aux rivages des allures d'armures minérales. Enfin, la masse fantastique du Mont Panié qui vous écrase du haut de ses 1 628 mètres (point culminant du Territoire).

La Nouvelle-Calédonie ne cesse de surprendre avec son éventail de prouesses géologiques. Après les sols multicolores des mines, voici les roches de Lindéralique, immenses blocs de calcaire griffés par l'érosion. De l'autre côté de la route, la presqu'île et son rocher Chester pousse directement des profondeurs sous-marines. Une route sur la gauche vous conduit vers la tribu et les grottes de Lindéralique, une belle salle de 15 mètres de hauteur où nichent des hirondelles par centaines. En continuant la piste, vous accédez au "lac", belle plage avec en arrière-plan les façades noires et entaillées des roches.

Hienghène, l'église de Houaré.

De Hienghène à Touho

De retour sur la route, vous pouvez vous offrir un "break" agréable au Koulnoué Village, un hôtel Club Med sans G.O. ou presque.

La route se poursuit vers Touho entrecoupée de ponts aux blanches balustrades. Le long des rivières, des pistes plus ou moins bien entretenues desservent les tribus retranchées à quelques kilomètres à l'intérieur. Sur les abribus, des portraits des leaders indépendantistes rappellent que nous sommes dans un des fiefs du mouvement. En remontant la vallée de la Tipindjé sur la gauche, vous arriverez à la tribu du même nom d'où des expéditions à cheval permettent de traverser la chaîne.

De la corniche, l'horizon se déploie jusqu'au récif Mengalia.

Un peu après la Tipindjé, où l'on pêche de beaux poissons de mer emportés par la marée, le rocher du Chapeau de Napoléon abrite à ses pieds un monument édifié en mémoire des Européens morts durant l'insurrection de 1917. Sur la Thiem, à deux kilomètres de l'embouchure, la tribu de Paola offre aux visiteurs un bel exemple de village mélanésien.

A Touho, un lycée professionnel en construction est une preuve supplémentaire de l'effort de rééquilibrage économique. Une mission fondée en 1853 a laissé là une église, la pacification militaire une tour de guet branlante. A marée basse, les rochers à fleur d'eau abondent de crustacées et petits poissons. A vos épuisettes donc !

Plages et cocoteraies défilent côté mer. Sur les bas-côtés, des chapelles toutes plus coquettes les unes que les autres confèrent au paysage une note curieusement familière et témoignent des anciennes guerres d'influence entre les confessions. Les cases canaques et leurs jardins fleuris sont joliment entourés d'une haie de poinsettias rougissantes. Côté montagnes, les vallées riantes se perdent dans un dédale végétal éblouissant. Suivre la Tiwaka ou l'Amoa, c'est s'enfoncer dans un univers bucolique. Le chant des oiseaux trouble à peine le silence, des vaches se prélassent dans les eaux tièdes du cours...

Poindimié

Station balnéaire paisible, Poindimié n'a été créé qu'après la seconde guerre mondiale et doit son expansion rapide à l'extension de la route venant de Bourail et à la volonté politique de décentraliser.

Aujourd'hui, un hôpital est en cours de construction. Quelques hôtels, restaurants et clubs sportifs concourent à faire de cette bourgade une destination touristique de choix. Des bungalows sont dispersés en bordure de mer. Dans les criques, quelques bateaux de plaisance tanguent au tempo des vagues mourantes. Vous pourrez aller voir ici l'American Division Memorial ou encore les cases du Centenaire.

Vers Ponérihouen, les vallées de pétroglyphes

La route colle toujours le littoral. Le port de pêche lilliputien de Tibirama entouré de pins colonnaires baigne dans la lumière matinale. A Pambou, la pittoresque église Saint-Paul en pierres sèches semble être une version modèle réduit et facteur Cheval des cathédrales de métropole. Une folie d'un maçon mélanésien. Plus loin, à Ometteux, la chapelle Saint-Jean, blanche et bleue, jouxte la minuscule école maternelle. A l'intérieur, des fresques naïves et poétiques, œuvre du peintre Jacques Gorlier, évoquent le parcours de l'apôtre et des scènes de la vie canaque.

Vous abordez la somptueuse vallée de la Nimbaye et son vaste ria. Arrêtez-vous à la mission Saint-Vincent-de-Paul pour admirer les vitraux. En remontant le cours de la Nimbaye, vous atteindrez à droite la tribu protestante de Goyetta et à gauche la catholique Saint-Yves. Dans les courbes verdoyantes du paysage, des cultures caféières côtoient des plants d'ananas et de litchis. Après Saint-Yves, un bouquet de pins colonnaires signale l'emplacement d'une ancienne tribu. Plus haut dans la chaîne, des roches gravées bordent la Nérihouen et la Néouin.

Ponérihouen, située un peu en retrait de la côte, fut créée dès 1881 avant même que des voies de communication terrestres n'aient été achevées. Les cours d'eau s'entêtent dans leur course éperdue vers la mer, des cascades jaillissent des flancs de la chaîne, la montagne envahit toujours le ciel de ses crêtes et pics, tandis qu'ignorés des touristes, des motifs millénaires sont figés dans les cailloux des rivières.

La route se fait, une fois n'est pas coutume, infidèle et quitte, le temps d'une presqu'île, les contours extravagants du littoral. Avec un véhicule tout-terrain, libre à vous d'aller jusqu'au cap Bocage, belvédère naturel inoubliable. Après le col de Hô, la voie s'incline et retrouve la baie de Lebris. Bientôt, une belle frange de pins colonnaires plantés par le géomètre Martin balaie le bord de mer. A Houaïlou, vous pourrez rejoindre la route du col des Roussettes.

Au lieu-dit Ometteux, la chapelle Saint-Jean et ses fresques naïves.
Doubles pages suivantes : sorties d'église à la tribu de Tendo et une épicerie ambulante à Hienghène.

DE TOUT, AUX MEILLEURS PRIX !

THIO-CANALA

Thio

S'il fallait choisir une ville pour symboliser le nickel, ce serait sans aucun doute celle-ci. Le destin de Thio fut toujours pieds et poings liés à l'épopée minière. Les tribus canaques vécurent dans cette plaine deltaïque à l'écart de la colonisation jusqu'en 1876 (en dehors d'une mission mariste), date à laquelle on découvrit des gisements de nickel dans la région. C'en était fini de ce splendide isolement. La SLN aussitôt installa ses bastions. Les forçats vinrent, suivis de près par des japonais. A coups de pioches et de pelles, on vole à cette terre ses précieuses travées vertes. En 1889, une usine de fusion est ouverte, deux ans plus tard, elle ferme. Entre 1913 et 1931, une autre prend le relais. Le port, au début du siècle, connaît une activité intense et devient une escale renommée des cap-horniers.

Thio passe brusquement sous les feux de l'actualité, lorsque, le 18 novembre 1984, le leader indépendantiste Eloi Machoro fend d'un coup de hache l'urne électorale, désarme gendarmes et colons et prend le contrôle de l'agglomération. Après le meurtre du blanc Yves Tual, le GIGN monte une embuscade à La Foa et tue deux militants dont Eloi Machoro.

Thio se divise aujourd'hui en deux quartiers coupés par le mont Bota-Méré : Thio-village résidentiel et administratif et Thio-mission industriel. Au bout de la route du bord de mer, le port est doté d'installations impressionnantes (transporteur aérien, tapis roulant, ponton fixe). Vous pourrez visiter le musée de la Mine à Thio-village et l'église due une fois encore au R.P. Vigouroux à Thio-mission.

Les promenades ne manquent pas. Outre l'ascension aisée du Bota-Méré, vous pourrez aller à la plage de la tribu Saint-Gabriel ou visiter les gradins miniers du Plateau avec l'accord de la SLN.

Le gîte Ouroué permet de s'arrêter dans ce fief minier avant la prochaine escale, Canala.

La route du col de Petchécara

Voie tortueuse et étroite, cette route a la particularité d'être à sens unique par tranche horaire sur sa portion la plus dangereuse. Vous pourrez la suivre à partir du pont de la Dothio entre 7h et 17h dans la direction Thio-Canala aux heures impaires, et en sens inverse, aux heures paires.

De lacet en lacet, vous vous enfoncez dans un décor dépouillé avant de pénétrer dans la vallée de la Dothio couverte de forêts. Dans la montagne, des terrasses signalent l'emplacement d'anciennes tarodières. Au col de Petchécara (454 m), le panorama plonge au nord dans la baie de

A gauche, les cicatrices du massif provoquées par la quête du nickel et, ci-dessous, l'embarquement du précieux minerai à Canala.

La cascade de Ciu. Les enfants jouent ici dans la rivière Nakéty.

Nakéty. La descente découvre peu à peu la plaine en contrebas où se niche le village de Nakéty, son église et sa poste. Depuis peu, la tombe d'Eloi Machoro orne le terre-plein. La route pour la baie vous conduit à la plage Saint-Paul.

En direction de Canala, vous dépassez le col de Crèvecoeur et arrivez dans la vallée de Canala. Vous pourrez admirer de près la cascade de Ciu en empruntant l'ancienne route de La Foa.

Canala

Au fond d'une baie profonde encadrée des presqu'îles de Bogota et de Mara, la rade de Canala attira l'attention de Tardy de Montravel qui lui préféra finalement le site de Nouméa. Les tribus de Négropo, Gélima, Méwé et Nakéty purent rester en marge de l'européanisation. Certes, les santaliers anglo-saxons avaient un temps fait fortune dans les parages, puis des petits colons vinrent s'installer dans cette plaine marécageuse, mais Napoléonville ne deviendrait pas Nouméa, et son poste militaire resterait un fort de campagne. Les colons Feillet feront de cette région une aire de cultures importante, où rizières et caféières vivront en bon voisinage. Au début du siècle, des cobaleurs tentèrent leur chance dans le sol dur des presqu'îles. Les mines de la Boakaine, exploitées très tôt, sont aujourd'hui de nouveau en activité et appartiennent à la Province Nord. De nouveau, des minéraliers chargent ici leurs lourdes cargaisons grâce aux investissements de MITSUBISHI.

Il vous faudra prendre un bateau pour pouvoir contempler les magnifiques pétroglyphes gravés à même la falaise. Des alignements et amas de pierres sur la presqu'île de Mara laissent présager d'une ancienne culture océanienne.

Les routes de la traversée

Longue bande de terre de quatre cents kilomètres entre sa pointe sud-est et son extrémité nord-ouest, la Grande-Terre est toute ramassée sur sa chaîne centrale. Sa plus grande largeur ne dépasse guère les 70 km. Pourtant, l'intérieur fut longtemps livré à ses tribus. L'européen se contentait d'essaimer sur le littoral ou le long des vallées alluviales. Ainsi, les routes de la traversée sont aujourd'hui encore peu nombreuses : au nord, la transversale Koumac-Ouégoa, au centre la route du col des Roussettes reliant Bourail et Houaïlou, puis l'axe récent Farino-Kouaoua, et enfin Bouloupari-Thio, sans compter la route Nouméa-Yaté au sud. Chacune offre des paysages de toute splendeur sur des horizons montagneux à perte de vue, sur la mer et ses baies en contrebas. Des nuages accrochés aux cîmes donnent aux choses un contour flou, épaississent encore le mystère émanant des forêts primaires environnantes. Un rideau de pluies zèbre une parcelle de ciel. Un immense arc-en-ciel déploie son arc cristallin, balafre lumineuse sur fond de toile sombre. Les verts ondoient sous la brise. La route n'en finit pas de tournoyer, découvrant à chaque virage une nature sauvage, comme abandonnée des hommes.

Deux aspects de la région de Canala.

Koumac-Ouégoa

Incontournable si vous entreprenez le tour complet de la Grande-Terre, cette transversale grimpe entre niaoulis et eucalyptus, roches noires et brûlis jusqu'aux cols du Petit-Crève-Coeur puis du Grand-Crève-Coeur. Au passage, vous aurez remarqué la Corne de Koumac et son piton sombre. Les monts Panié, l'Ignambi et le Colnette barrent l'horizon. Le versant est, moins boisé, laisse sa crinière herbeuse onduler au gré du vent. A la saison sèche, les collines assoiffées ont des reflets de paille. A droite, une piste part vers la tribu de Bondé, lovée au dessus d'une belle cocoteraie. Au prochain col, l'embouchure du Diahot, large et encore toute imprégnée de sel, vous attend. Sur ses rives, palétuviers et cocotiers regardent passer les flots. Un pont enjambe les eaux boueuses et vous amènent au Caillou. Avec Ouegoa, ces localités où résident encore quelques familles métisses ou blanches sont tombées dans l'oubli après l'éclaircie minière.

Long de 90 km, le Diahot est la plus grande rivière de Nouvelle-Calédonie. Elle fut, dans les années 1870-1880, l'objet de bien des rêves, car on avait découvert à Fern Hill un gisement aurifère. Puis, on exploita ses filons : cuivre, zinc, manganèse et plomb.

Bourail-Houaïlou

Située au centre de la Grande-Terre, cette transversale monte par le col des Roussettes. Vous passerez à côté de Néméara, puis la mission d'Azareu. Un piste à droite mène aux tribus de Pothé et Ny, où fut accueilli en grandes pompes le général de Gaulle en 1956. Le chef de Pothé avait en effet trouvé indigne de saluer le grand homme sur le bord du chemin comme lui avait recommandé le gouverneur. Il vous faut regarder en arrière les courbes douces et verdoyantes du relief s'incliner vers la mer. Après le col des Roussettes, vous arrivez dans la vallée de Houaïlou couverte de forêts. Des cascades, surtout à la saison des pluies, se déversent en chute libre. Le long de la rivière, des ranchs et des pâturages font leur apparition.

Avant d'arriver à Houaïlou, vous passez devant trois missions de confessions différentes : l'évangélique Nédivin, la catholique Nindiah et la protestante Do Néva. Celle-ci fut fondée au début du siècle par le pasteur Leenhardt.

La mission de Canala et son accès sous le couvert de majestueux palmiers royaux.

La Foa-Canala

En venant de Nouméa, cette route part à droite juste après une maison coloniale lugubre qui servit de pension aux filles des condamnés. Elle suit un axe traditionnel de communication entre les clans de la côte et ceux des montagnes, entre les versants est et ouest, par les vallées de Couli et de la Moindou. Elle passe par les deux plus petites communes du Territoire, Farino et Sarramea, ces favorites du gouverneur Feillet, qui avaient su devenir de riches potagers et vergers. Le marché de Farino où s'écoule un production maraîchère variée attire toujours une foule bigarrée le week-end. C'est dans ce village que naquit Jean Mariotti, auteur notamment du *Livre du Centenaire.* Sarraméa est la seule commune enfouie dans la chaîne.

A côté des bourgs européens subsistent les tribus mélanésiennes et leur maciri (séjour paisible). A Petit-Couli, vous pourrez admirer la grande case et son allée centrale si bien décrites par Leenhardt.

Au col d'Amieu, vous apercevrez le haut plateau de Table-Unio. Une réserve forestière attend ici les randonneurs. Le houp d'Ambreville, quant à lui, attendrait votre visite depuis plus de cinq-cent ans ! Ici sont morts deux héros de l'histoire canaque : Ataï et Eloi Machoro.

Après la ligne des crêtes, la route redescend dans un fouillis végétal luxuriant.

A Koh, une bifurcation mène à droite vers Canala, à gauche vers Kouaoua. En allant vers Canala, vous passerez à La Crouen, station thermale depuis 1958 où les curistes peuvent se baigner dans des sources chaudes. Les indigènes paraient ce lieu de dons magiques : invincibilité et fécondité. Ce don du dieu de la montagne était inviolable jusqu'à ce que des immigrés japonais et indonésiens osent briser le tabou. En amont, la tribu Ema est noyée dans un verger.

Après ce détour, vous parvenez rapidement à Canala.

A Koh, la route de gauche vous emmène dans les paysages désolés des mines à ciel ouvert. Un convoyeur à bande curviligne serpente dans ce décor caillouteux. En bas,

Le loto est un des jeux favoris de la jeunesse canaque tandis que les vieilles travaillent la vannerie.

Kouaoua est une cité minière avec son wharf et ses mineurs.

Au delà de Kouaoua, la route dite “des cent virages” traverse des contrées sévères et somptueuses, puis serpente dans un paysage de science-fiction fait d'immenses marches minérales. La région de Poro est particulièrement riche en pétroglyphes. Après Poro, la piste rejoint Houaïlou, mais son état laisse à désirer.

Bouloupari-Thio

Cette traversée aux confins du massif de Humboldt permet au niveau du col de Nassirah d'embrasser une belle vue sur la baie de Saint-Vincent à l'ouest et sur le mont Do à l'est. Puis, vous amorcez la descente dans la vallée de Kuenthio. Un programme de reboisement en pins a reverdi les flancs de ce versant. Bientôt, de nouveau, les mines réapparaissent, entailles profondes laissées à nu. A la tribu de Saint-Pierre, une piste mène à la forêt de Saille, musée botanique grandeur nature. En bas, un peu avant Thio, ne manquez pas d'admirer dans le village SLN des pétroglyphes avec motifs circulaires gravées dans la pierre.

D'autres traversées sont possibles, notamment celle de Koné-Touho par Bopope en cours d'amélioration, mais nécessitent un 4x4 et une carte précise ou encore des chevaux et un guide (traversée de Atéou à Tipindjé ou encore le chemin des Arabes de Tieta à Tiendanite).

LE SUD

Contrée sauvage parsemée d'îlots, crevée de hauts sommets, lardée de rivières indomptées, le sud flamboie de couleurs vives à la lueur verticale du soleil.

Les environs directs de Nouméa

En empruntant la RP 2, vous parviendrez très vite à la commune du Mont-Dore juste après avoir dépassé le cimetière, appelé cimetière du 4ème kilomètre, où reposent en paix l'âme des premiers colons et de quelques Japonais venus travailler pour la SLN. Le Mont-Dore regroupe différents quartiers résidentiels occupés par une communauté des plus diversifiée : Pont-des-Français, la Conception, Robinson, Boulari, Saint-Michel, Saint-Louis, le Mont-Dore et Plum. Au total, 17 000 personnes d'origine ethnique très diversifiée habitent là, suivant 140 ans plus tard l'exemple du malheureux pionnier Bérard (tué par les Canaques). C'est aussi ici que les pères maristes chassés de Balade trouvèrent refuge au milieu du siècle dernier. L'église chapeautée d'une statue de la Vierge, copie de celle de Notre-Dame-de-Fourvière à Lyon, a été élevée dans les années 1870 par le dynamique R.P. Vigouroux ; elle est aujourd'hui devenue un lieu de pèlerinage. Le député Roch-Pidjot a vécu dans la tribu voisine.

Quelques kilomètres plus loin, une autre mission, la mission de Saint-Louis (baptisée en hommage à l'Empereur) offre au touriste une vision très bucolique avec son église aux murs blancs et à la toiture rouge et sa ferme entourée de pâturages. La voûte à nervures est encore une fois l'œuvre du R.P. Vigouroux. Si vous vous arrêtez, vous pourrez acheter des produits laitiers.

En reprenant la route du littoral, vous pourrez contourner le Mont-Dore (772 m) en longeant la baie de Boulari avec au loin les îlots Bailly, N'Dé et Porc-Epic puis la baie Monéa avant de repiquer vers l'intérieur entre les flancs arides des Mont-Dore et Monéa.

Les excursions en mer

Tout autour de Nouméa s'égrènent des îlots sauvages perdus dans la transparence marine des lagons. Perles de sable, écrins boisés, récifs déserts, ils sont une destination de rêve pour les plongeurs et autres amateurs de la nature.

Certains bateaux organisent des excursions aller-retour sur quelques îlots. A l'îlot Maître, un hôtel vous ouvre même ses portes dans une solitude merveilleuse. Le phare Amédée (desservi par le Mary D'Princess et les Transports du Lagon) est une belle excursion en mer d'une journée. Construit dans les ateliers des Buttes-Chaumont, et exposé à la Villette, le phare fut acheminé en 1864 sur le territoire. Le gouverneur Guillain et sa femme l'inaugurèrent avec toutes les pompes impériales qui lui était du. Haute de 56 m, la tour métallique abrite une puissance de feu repérable à 32 milles nautiques à la ronde. Outre ce phare, l'îlot offre une promenade en bateau à fond de verre, le temps d'apercevoir barracudas et autres sympathiques murènes et l'épave de *La Dieppoise*

Soleil couchant et vue aérienne sur le lac de Yaté.

La route de Yaté à travers le Grand Sud.

coulée exprès en 1988 pour devenir une réserve poissonneuse.

On peut encore explorer l'île Ouen située à l'extrémité sud de la Grande-Terre. Elle est desservie par l'avion et le bateau. La traversée en bateau, qui dure un peu plus d'une heure, permet de suivre les flancs sud-ouest de la Grande-Terre et de surprendre au vol avec un peu de chance des requins ou dauphins égarés. Vous pourrez séjourner dans l'île à l'hôtel Turtle Club et partir en bateau et à pied à la découverte de ses terrains miniers, de sa carrière de serpentine, de ses plages de sable aux couleurs différentes et de son pic du Phare.

L'îlot Casy dans la baie de Prony est une autre escale au charme indéniable. Ancien verger de la Pénitentiaire, elle est encore couverte d'arbres fruitiers en tout genre ainsi que d'essences locales, cocotiers, tamanous, pandanus et cycas...

Le grand sud

A la sortie de Nouméa à l'aspect si policé, se trouve une belle région sauvage et montagneuse aux couleurs pourpre, émeraude et bleu limpide. Sol aride à fleur de peau, rivières indomptées qui dévalent les escarpements, fouillis de plantes arbustives, vestiges de forêt primaire, la terre du Sud a des allures de grand canyon tantôt sec et rouge, tantôt envahi par les eaux.

La Plaine du Champ de Bataille et la baie de Prony

Deux belles échappées s'offrent à vous : la baie de Prony et Yaté. De Plum, vous aborderez les pistes sinueuses et difficiles qui vous mèneront au plateau humide du "Champ de Bataille", ainsi dénommé en souvenir des razzias des Kuniés de l'île des Pins. Un programme de reboisement en pins est en cours. Puis, la piste, après le col de Crèvecoeur, redescend sur Prony. On verra dans cet ancien village minier où vécut une colonie de 150 forçats les ruines du bagne et quelques maisons de week-end. Un wharf qui servait à charger le minerai de fer plonge encore dans la mer. Du haut de la falaise, votre regard pourra fixer à jamais un magnifique panorama sur la baie du Carénage, le dédale de la Rivière Bleue et l'île Ouen.

La route de Yaté

A la sortie de Plum, vous suivrez la vallée de la Lembi, puis grimperez une belle route tortueuse qui s'enfonce dans le cœur de latérite du Grand Sud. Le paysage mis à nu par des feux de brousse (le dernier important a ravagé 11000 ha de forêt en 1991 dans la plaine des Lacs) et l'exploitation minière est

L'entrée du parc et, à droite, la rivière Bleue invite à la baignade.

splendide de désolement. Au delà du col de Mouirange, vous passez entre les Deux-Tétons d'où vous pourrez voir en contrebas le lac de retenue et au loin la plaine du "Champ-de-Bataille" avant de redescendre vers la sources de la rivière des Pirogues. Au fond des "creeks", des enfants se baignent le week-end. Bientôt, vous devrez prendre à gauche en direction du Parc de la Rivière Bleue (ouvert tous les jours sauf le lundi).

Ce parc couvre presque 10 000 hectares dans un environnement grandiose. Tout autour, le massif de Humboldt dresse ses monts hauts de plus de 1 000 m. En bas, le lac de retenue étend ses eaux tranquilles où se reflètent les nuances d'un ciel capricieux. De-ci de-là, les branches nues d'un arbre noyé crèvent le voile liquide. Par endroit, les ramures inertes sont si nombreuses qu'elles forment une sorte de forêt surréaliste. La Rivière Bleue fraîche et délicieusement douce défile entre les rochers et la verdure. Il n'y a rien de plus émouvant que cette fragile veine aux reflets verts qui se fraye un chemin dans l'immensité végétale alentour. Un petit plongeon s'impose, mais gare aux frissons !

Dans cette vallée des merveilles, vous pourrez suivre un parcours botanique très riche, admirer un kaori géant et pour les plus courageux atteindre les belles cascades tout au bout d'un sentier escarpé, descendre la rivière en canoë, ou encore rouler en VTT. Seule la réserve des cagous est interdite au public.

Des aires de pique-nique sont aménagées et permettent une halte reposante.

En retournant sur la RP3, vous pouvez faire un crochet en prenant à droite après le Pont Pérignon la piste de la Rivière Blanche. Vous longerez alors une zone marécageuse, tandis que plus haut un houp géant héberge en son sein un araucaria !

De retour sur la RP3, le ruban asphalté

défile à perte de vue entre les rives du lac et la terre boueuse du marais Kiki.

Juste avant le pont qui traverse le confluent de la Madeleine et du creek Pernod, une piste part sur votre droite et s'enfonce dans la plaine des Lacs. Après plusieurs kilomètres de soubresauts, vous parviendrez à la chute de la Madeleine, large rideau d'eau plongeant à la verticale. La flore ici est unique au monde et fera le bonheur des botanistes avec en particulier des espèces vestiges, comme le *Dacrydium Guillaumini*, ou encore les lianes carnivores népenthès. Le touriste lamda ne remarquera pas forcément ces merveilles végétales mais sera sans aucun doute sensible à la beauté du lieu. Les conducteurs avertis pourront poursuivre à leurs risques et périls la piste de plus en plus chaotique. Le jeu en vaut la chandelle, car le bassin de la plaine des Lacs parsemé de lacs, de mares et de rivières est une des plus belles régions de la Nouvelle-Calédonie. En suivant la Route du Fer, vous rejoindrez la côte à Goro.

Vous pouvez aussi vous rendre dans ces parages en empruntant la voie maritime jusqu'à l'ancien village minier de Prony. Dernière solution, le survol en hélicoptère. Préférez alors les lumières rasantes du coucher de soleil.

Le barrage de Yaté

En continuant la RP3, vous atteindrez rapidement le barrage de Yaté, immense ouvrage de 56 m de hauteur et 230 m de largeur. Décidé dès 1903, il fallut importer de la main d'œuvre asiatique pour mener à bien l'entreprise. La Grande Guerre interrompit un temps les travaux. Un premier barrage fut terminé en 1925. Dans les années 1950, une politique dynamique d'aménagement du territoire entreprit de moderniser l'installation.

Les chutes de la Madeleine et la Creek Pernod.

Le lac de Yaté et le barrage.

Wallisiens, futuniens et tahitiens furent à leur tour appelés en renfort. Aujourd'hui, le barrage fournit les centrales de Yaté et de Néaouma. Du parking aménagé, on a une vue splendide sur le lac et les monts Humboldt. Les soirs d'orage, l'horizon chargé de nuages, les pics en enfilade et le miroir argenté du lac en contre-jour sont d'une beauté à couper le souffle.

L'extrême sud

La route du sud continue à monter en lacets avant de redescendre sur l'autre versant en direction de la mer. Au fond de la vallée, la Yaté dessine ses méandres et s'abandonne dans un large estuaire frangé de cocotiers. Ce bout du monde a décidément des avant-goûts de paradis. Le village de Yaté, où se situe la centrale Enercal, ne présente en lui-même aucun intérêt. En poursuivant plus loin sur la gauche, vous arriverez à la tribu d'Unia précédée de ses rizières au vert vif. A droite, la route suit la côte percée de plages à l'ombre des palmiers et des pins colonnaires. Après avoir traversé la mission de Touaourou à la jolie église, longé la plage de Saint-Gabriel, vous vous enfoncerez dans une forêt et aboutirez à la cascade de Wadiana noyée dans un écrin de bambous et de bouraos. Au bout de la piste, la tribu Goro et le wharf de la mine de fer des japonais. En continuant à pied, vous pourrez atteindre le gîte du chef Atiti au lieu-dit de Port-Boisé. Une étape en plein cœur de nulle-part. La vue vagabonde sur la houle marine jusqu'à l'île des Pins et l'îlot Améré (l'îlot même où Cook mouilla en 1774).

L'ILE DES PINS

A soixante kilomètres au large, l'île des Pins s'est détachée au cours du quaternaire de la Grande-Terre. Cette île toute ronde d'une superficie de 150 km2 est constituée de deux régions bien différentes : un plateau ferrugineux central couvert d'une brousse éparse et une ceinture corallienne coiffée de pinèdes, percée de sombres cavités, suivant les tours et détours d'un rivage poétique. Etape touristique au charme magique, l'île des Kunié révèle ses eaux turquoises où baignent de loin en loin d'étranges champignons de pierre, ses plages de sable fin, ses villages paisibles, ses chapelles souterraines et ses cicatrices mal pansées d'une histoire somme toute assez proche.

Rappel historique

Apparemment, la présence humaine sur l'île remonte à peu près à la même époque que l'implantation sur la Grande-Terre. En témoignent les pétroglyphes sur le mont Nga, les buttes de terre circulaires sur le plateau et enfin des débris de poterie Lapita. Seuls, ces derniers permettent une datation (1 500 avant JC) et surtout rattachent les habitants au vaste rayonnement d'une culture océanienne commune. A l'époque de l'arrivée européenne, les Kunié maîtrisaient remarquablement l'art de la navigation grâce à leurs pirogues doubles. Les expéditions vers le sud de la Grande-Terre, vers Lifou ou même Maré n'étaient pas rares. C'était l'occasion d'échanger des biens ou de se faire la guerre. Inversement, l'île des Pins accueillait également des réfugiés d'outre-mer, des polynésiens mais aussi des hommes de Lifou qui marquèrent tant l'organisation (calquée sur le modèle centralisateur et héréditaire polynésien) que l'histoire politique. La lignée de la Chefferie Vendegou est ainsi la descendance d'un lifou qui s'était établi avec ses sujets au XVIIème siècle. Longtemps partagée en plusieurs chefferies, l'île accéda à l'unité sous l'autorité du Grand Chef Toouru Vendegou au début du XIXème siècle.

Alors que James Cook s'était contenté de baptiser l'île et que d'Entrecasteaux avait refusé d'y mettre pied, un santalier, le capitaine Cheyne fut attiré dans les parages. En déposant les missionnaires samoans, un marin avait pu voir l'abondance de cet arbre odorant. En 1841, Cheyne débarque donc. Il sera bientôt suivi par l'incontournable Paddon. Les maristes sous la houlette du bon père Goujon prennent aussi leur quartier à Vao. A force de piété et de gentillesse, l'infatigable père convertit les Kuniés. Il les convainc même d'arrêter les razzias vers le sud. Tant et si bien que les huit tribus quittent leurs terres ancestrales pour se regrouper

photo POSTIC

A gauche, le caillou de Kanuméra et, ci-dessous, une pirogue traditionnelle de l'île des Pins.

Frédéric Terrien

Ces troncs sculptés représentant des figures anciennes entourent le monument commémoratif du premier débarquement des chrétiens dans l'île. A droite, la baie de Kuto et une sortie de messe à Vao.

autour de la mission et du nouveau siège de la Grande Chefferie.

En 1853, le grand chef Philippe Vendegou accepte la prise de possession. Sa fille Kanejo, baptisée Hortense, lui succédera deux ans plus tard. C'est elle qui négociera pied à pied le maintien de ses gens sur l'île alors que l'administration la réclamait pour y envoyer les déportés politiques. On se mit d'accord sur un compromis : la partie est deviendrait le domaine de la déportation, la partie ouest resterait aux Kuniés. Cette terre d'asile qui avait accueilli les Marés déchirés par les "croisades" entre protestants et catholiques et qui allait servir de refuge aux insoumis canaques après la révolte de 1878, rechignait un peu à cette invasion française (2 600 déportés, dont une centaine de Kabyles).

Après l'amnistie et jusqu'en 1913, des condamnés de droit commun prirent le relais des déportés politiques. Puis, les Maristes eurent en charge l'administration de l'île qui ne devint une commune qu'en 1961.

Un plateau et des baies

L'avion survole des grappes d'îlots avant d'atterrir sur le plateau. Vous aurez peut-être la chance d'apercevoir à travers le hublot la silhouette bleutée d'une baleine venue frayer ici durant l'hiver austral. De l'aérodrome, en suivant la route construite par les déportés, vous descendrez jusqu'à Vao, seule agglomération importante de l'île.

Avec sa mairie, sa poste, la chefferie, son église, son monument aux morts fleuri et ses districts représentant chacune des tribus, Vao dort tranquillement sous le soleil.

Une autre plaque commémorative est encerclée de troncs sculptés aux visages d'ancêtres. Plus loin au delà du stade, un chantier continue de construire selon les méthodes traditionnelles les pirogues. On se

photo POSTIC

souviendra longtemps ici de la commande du raid Gauloise en 1991.

A six kilomètres de là, après avoir traversé une voûte végétale faite de l'entrelacement horizontal des branches de buni, la plage de Kuto étire sa langue de sable fin presque blanc en une boucle parfaite. De l'autre côté, l'anse Kanuméra fait aussi la belle. De là, vous pourrez au gré de vos envies dorer au soleil, plonger dans l'azur liquide, explorer la forêt avoisinante, grimper en haut du mont Nga ou vous recueillir devant les vestiges laissés par les déportés.

Les baies de Wadaoui, de La Corbeille, de Kumo et Traa avec leurs galeries sous-marines ornées de stalactites et stalagmites et de Ouéméo se succèdent sur la côte ouest.

La route qui remonte vers Gadji, ancienne capitale de l'île ravagée en 1910 par un incendie, garde peu de traces du passage des communards. Le cimetière où sont enterrés 220 hommes, femmes et enfants, est envahi par les herbes folles.

Il ne vous reste plus qu'à faire une halte dans la boutique de curios à Wapan puis à

Une vue panoramique de la plage de Kuto.

Frédéric Terrien

aller visiter les grottes d'Oumagni puis d'Ouatchia. La première est réputée pour avoir servi de refuge à la Reine Hortense avant son abdication en 1883. Juste après, une bonne piste s'enfonce sur la gauche pour aboutir à la l'îlot Oro. Une piscine naturelle et une allée de sable donnent au site une beauté fascinante. Attention, renseignez-vous sur les horaires des marées avant de vous aventurer sur une des belles plages et, surtout, demandez l'autorisation auprès du Petit Chef.

En empruntant les chemins coutumiers, vous pourrez ensuite vous rendre à la baie d'Upi, cette petite mer intérieure ponctuée d'étranges amas coralliens où voguent au gré des vents de jolies pirogues. La nature réserve des surprises exquises aux voyageurs curieux !

Mais la meilleure façon de découvrir l'île des Pins reste la voie maritime. Des excursions en pirogue sont organisées et laisseront un souvenir inoubliable aux marins d'un jour.

L'infrastructure hôtelière permet d'envisager facilement de rester quelques jours dans ce paradis terrestre.

LES ILES LOYAUTE

Plus encore que la Grande-Terre, les îles Loyauté exhalent un parfum d'ailleurs, d'exotisme, de bout du monde. L'eau de part et d'autre vous isole des rumeurs de la société occidentale, comme elle l'a fait depuis le début de la colonisation. Il y eut bien sûr quelques santaliers et baleiniers qui passèrent par là, puis les missionnaires et leur guerre d'influence, mais point de colons libres ou pénaux. L'archipel fut déclaré d'emblée "réserve", et, pour une fois, il n'y eut aucune violation de la parole donnée.

Ici, les cases rondes ou carrées sont chez elles, et ce sont les établissements administratifs qui semblent anachroniques. Ici, la coutume est la règle, et la loi républicaine une intruse. Ici, les cultures vivrières sont le pain quotidien et les surgelés du supermarché une nouveauté. Ici, les familles sont des clans et les villages des tribus.

Constitué de trois îles avec en sus Tiga et Beautemps-Beaupré, l'archipel des Loyauté s'incline doucement dans l'océan. Formations coralliennes agrégées à d'anciens volcans éteints engloutis, les Loyauté ont chacune une personnalité différente. Il vous faudra choisir entre les charmes virginaux de Maré, la beauté versatile de Lifou et la langueur tropicale d'Ouvéa.

Maré

La plus méridionale et la plus élevée des îles de l'archipel étale sur un ovale interrompu d'une immense baie ses 650 km2. Au centre, l'ancien lagon aujourd'hui émergé est couvert d'une végétation dense ; sur son pourtour, criques et falaises se succèdent ; deux éminences volcaniques se dégagent de la plaine.

Son nom en langue était Nengone, mais les Kunié avec qui ils entretenaient d'étroites relations d'échanges l'appelaient Maré.

Histoire

La tradition orale évoque toujours dans ses récits les diverses origines mélanésienne et polynésienne du premier peuplement de l'île, les Elétok. Puis, au début du XIXème siècle, de nouveaux immigrants polynésiens chassèrent ou anéantirent cette communauté. A leur tête, le Grand Chef Yeiwéné Naisseline installa sa tribu, les Si Gwahma au nord-ouest, tandis que des clans adverses occupaient le sud et l'est. Lorsque les commerçants anglais arrivèrent, ils mouillèrent à la baie du nord et sympathisèrent avec les habitants, à tel point que le baleinier Alexander Winchester et le mousse William prirent pour épouses les propres filles des grands chefs ! De son côté, la LMS envoya sur place des catéchistes samoans avant de diligenter deux pasteurs de la Couronne, John Jones à Rô et Stephen Creagh à Nécé. En 1864, le gouverneur Guillain fait de Maré une dépendance de la Nouvelle-Calédonie et la place sous la tutelle administrative de Lifou. Deux ans plus tard,

L'île de Maré : la baie de Diri et la mission catholique de La Roche.

Le Saut du Guerrier et le mur des Anciens.

les maristes s'implantent à leur tour sur l'île, dans la tribu Si Gureshaba, ennemie du Grand Chef Naisseline. Les guerres tribales profitent du prétexte religieux pour ressurgir. En 1870, les catholiques s'enfuient à l'île des Pins. La paix ne reviendra sur le territoire que douze ans plus tard et fut fêtée par un mémorable pilou.

Maré vécut ensuite un épisode tranquille secoué simplement par les deux conflits mondiaux. Les Maréens répondirent nombreux à l'appel du général de Gaulle.

Lieux

L'aérodrome de La Roche est situé juste à côté de la baie de l'Allier, où les maristes avaient tenté de s'implanter. Surplombant le village, le rocher Titi fut aménagé pour servir de refuge aux Elétok. On peut voir encore d'anciens chemins de ronde et une grotte où les habitants pouvaient se replier en cas d'attaques. Cet édifice rappelle l'art militaire d'autres îles océaniennes comme les Marquises ou encore Rapa. De là, vous avez une belle vue sur la baie, les plages et les falaises.

Une route vous conduit ensuite à Rawa ("la Terre") où subsiste le sol basaltique des volcans éteints. La forêt se plaît particulièrement sur ce terreau riche. Un autre site géologique ancien se trouve à Péorawa un peu plus au sud.

La route de Pénélo permet de voir le tas de rocs de Wapulanod élevé par les guerriers Elétok. La région est un des plus anciens habitats de l'archipel. On a retrouvé des tessons de poterie Lapita sur la plage de Patho.

Vers l'est, vous irez jusqu'au Saut du Guerrier, faille de 5 m de large dans la falaise où s'insèrent les vagues avant de rejaillir en d'immenses gerbes d'écume. La légende raconte que le guerrier Hnor l'aurait traversée d'un bond pour fuir ses ennemis.

Sur la route de Tadin, on peut admirer des restes d'une grande muraille de pierres (large de 10 à 20 mètres et long d'un kilomètre) qui vit sans doute nombre de guerres tribales. Un crochet à droite vous conduit à la tribu de Menaku, d'où une piste part en direction d'une magnifique plage de sable et de coraux. De retour sur la route de Tadin, le maquis vous absorbe. A Lion, prenez un chemin sur votre droite. Au bout de 1,5 km, vous arriverez au bord d'un gouffre d'effondrement au fond duquel miroite un lac.

Tadine, centre administratif de l'île, est aussi son port où mouille chaque semaine le Yeiwéné Yeiwéné. Ce fils du pays, tué en même temps que Jean-Marie Tjibaou par un indépendantiste ultra, est d'ailleurs non loin de là dans la cocoteraie de Nidenoj.

Vers Nécé, la route longe le littoral, coincée entre la frange boisée des rivages et les parois grises des falaises. Des traits à différentes hauteurs marquent les niveaux que le Pacifique a atteint à diverses périodes. L'assaut des vagues a creusé dans la masse rocheuse des cavités naturelles, sépultures traditionnelles des Maréens.

A Nécé ("la tête") réside le Grand Chef Naisseline, aujourd'hui à la tête du FLNKS. Chaque année en avril se déroule ici la grande fête des prémices qui inaugure le temps de la récolte des ignames.

En remontant vers le nord, vous coupez à travers la forêt humide et arrivez à Rô. Perchée sur l'étage supérieur des falaises, Rô se souvient de l'époque héroïque des premiers catéchistes protestants. Un petit monument célèbre l'action d'un des leurs. C'est ici que le turbulent pasteur Jones établit son quartier général pour l'évangélisation.

Aujourd'hui, la baie voit de temps en temps passer des cachalots pendant la saison froide. Il suffit de savoir attendre.

De Tadin vers le sud, la route découvre des paysages marins de toute beauté. L'aquarium naturel, avec ses eaux transparentes baignées de lumière, ses élégantes tortues se faufilant dans l'onde, ses poissons multicolores, se noie dans son écrin de coraux. Plus loin, les plages et les cocoteraies jalonnent le littoral.

Puis, la route repique vers le nord. Le "Bone de la Léproserie" est une curiosité géologique de premier plan. Ce gouffre profond de 50 mètres abrite en son sein un lac très étendu. Seuls les spéléologues peuvent atteindre ces entrailles noyées de la terre.

La case du chef et une rencontre pittoresque. Double page suivante, un mariage coutumier. La tradition canaque veut que chaque invité offre, à cette occasion, de l'argent ou ses plus beaux ignames... parfois les deux.

A chaque instant de la vie, traditionnelle ou non, la robe mission s'impose.

Lifou

La plus étendue des îles Loyauté s'étend, gueule grande ouverte, sur plus de 1 150 km2 (autant que la Martinique). Vaste plateau envahi de forêts et de sous-bois à l'aspect européen, Lifou s'entoure de plages et de falaises fatales. Un seul pas dans la baie de Luengoni et c'est le désir fou de s'y ensabler définitivement, un seul regard dans les entrelacs noirs et turquoises des fonds de Jokin et c'est la soif avide de s'y noyer.

Histoire

Lifou fut sans doute colonisée par l'homme en même temps que les autres îles de l'archipel. Nombre de galeries et grottes abritent des traces de cette occupation ancienne (peintures pariétales et squelettes). Au noyau kanak vint s'ajouter régulièrement des émigrants polynésiens, que les chefferies accueillirent avec égard. Très longtemps ignorée des Occidentaux, et à peine aperçue par d'Entrecasteaux au XVIIIème siècle, l'île ne fut reconnue qu'en 1827 par Dumont d'Urville. L'arrivée des Européens, et notamment des trafiquants britanniques à partir de 1840, ne perturba pas outre-mesure l'organisation coutumière de la société. Lifou était alors, comme à l'heure actuelle, divisée en trois chefferies : au nord le Wet, au centre le Gaïtcha et au sud le Lössi. Le matelot Charles Bridget, après avoir déserté son vaisseau, se fondit si bien dans le paysage qu'on le surnomma Cannibal Charley. Mais, le combat évangélisateur allait une fois encore sévir. Les natas protestants débarquèrent en 1842 avec leurs bibles et convertirent le chef Boula et le Lössi, tandis que Ukeneso, chef du Wet, pour se démarquer de son voisin, opta pour la religion catholique. En 1858, les pères maristes s'établirent donc au nord de Chepenehe. La guerre dura jusqu'en 1864, date à laquelle le gouverneur Guillain déclara les Loyauté dépendances calédoniennes. On conclut la paix et dépêcha un résident sur place. Depuis cette date, les seuls conflits que l'île ait à affronter se résument à gérer l'ambivalence d'un système fondé sur la légitimité coutumière et la légalité républicaine.

Voyage

A l'aérodrome Magenta, en partance pour Lifou, des rangs de femmes en robe mission, quelques jeunes en jeans et trois ou quatre gamins attendent patiemment l'appel de l'hôtesse de l'air. Vous êtes toujours à Nouméa mais déjà flotte comme un air de famille lifou. Après une heure de vol au dessus du Pacifique, nous arrivons à destination.

L'aérodrome moderne et propret de Wanaham se situe dans le nord de l'île. Juste à côté, un champ sert de terrain de crickets : deux équipes féminines se disputent âprement une partie sous les encouragements de supporters avertis. Le cricket, hérité des équipages anglo-saxons et des pasteurs de la LMS, est encore plus pratiqué ici que sur la Grande-Terre. Ses règles diffèrent un peu du jeu britannique et restent aussi hermétiques aux néophytes de passage que le football américain. Le spectacle n'en reste que plus épique ! De là, vous pourrez vous rendre dans les galerie creusées dans les étages de coraux morts de Tingeting. Pour visiter ces cavités ainsi que la grotte funéraire dite du Diable, il vous faudra demander l'autorisation à la tribu. Puis rebroussez chemin, et partez vers Joking. Du haut de ses falaises, Joking assiste à la saison fraîche à la mise au monde de quelques baleineaux. L'à-pic plonge directement dans les arabesques d'un océan dentelé de coraux. La petite église et la belle case du chef cernée d'une barrière se touchent presque en arrière-plan. Le Faré-Falaise organise pour ceux qui le désirent des excursions en mer.

De Joking, une petite route mène directement à la baie de Santal. Ancienne tribu prospère, Easo ne compte plus aujourd'hui que quelques familles. La grande église Saint-François-Xavier construite en 1898 semble d'autant plus disproportionnée. En s'avançant dans la presqu'île occidentale, après quelques centaines de mètres de pente raide, vous parvenez à la petite chapelle Notre-Dame-de-Lourdes, qui commémore l'arrivée des premiers pères maristes. Perchée sur un promontoire rocheux, l'humble édifice semble plus ou moins voué à l'abandon. Le site, lui, est exceptionnel. Le terre-plein rocailleux laisse échapper des touffes de fleurs sauvages, la vue s'arrête sur les bouquets de pins colonnaires avant de se perdre sur les falaises du Cap Aimé Martin.

A Chepenehe, vous êtes dans l'ancienne paroisse du dynamique pasteur Mac Farlane qui mit toute son ardeur à défendre la parole de Dieu version anglaise et protestante. Aujourd'hui, l'agglomération est le centre du Wet, bien que le chef résidât à Nathalo.

Hnathalo place côte à côte l'église Saint-Jean Baptiste et la grande case du Chef. L'autel en bois massif et sculpté mérite une courte visite au sein de l'église. Quant à la grande case, elle est un des plus beaux exemples de construction traditionnelle.

En reprenant la route, vous prendrez à droite à Kumo pour visiter le Loessi. A Wé, "capitale" de l'île, quelques lotissements à l'européenne voisinent avec des constructions modernes administratives d'inspiration mélanésienne et des cases rondes végétales. Implantée sur l'ancien champ de bataille entre les hommes du Wet et du Loessi, la ville doit sa naissance à l'inspiration pacifique et audacieuse du nata Fao qui éleva ici sa mission. Sur la baie de Châteaubriand, vous pourrez admirer d'une seul coup d'œil la petite église catholique biscornue et le tombeau de Fao. Un port accueille chaque semaine le Yeiwéné Yeiwéné. Scènes

L'église de Wé.

La tribu de Jozip. Les feuilles de palmier servent à la construction des toits des huttes. Une plage vers la pointe Daussy. Double page suivante, d'autres plages : celles de Drueulu, de Châteaubriant et de Luengoni.

banales et poignantes d'au-revoirs, d'embrassades et de recommandations. Après les vacances, les enfants de l'île repartent étudier et travailler sur la Grande Terre. Car, à Lifou, avec simplement 8 500 habitants, les emplois sont l'exception et la production de coprah ou la culture maraîchère et traditionnelle insuffisantes pour subvenir aux besoins des familles.

De Wé, la route longe la lisière boisée de la baie de Châteaubriand d'un côté et les parois coralliennes percées de cavités du plateau central de l'autre. Vous traversez plusieurs tribus. Le long de la route, ce ne sont que cocoteraies aux troncs marqués de graffitis gravés à la pointe du couteau. Tout d'un coup, sous les hauts toupets de leurs palmes, un attroupement s'active. Des femmes dressent une immense tablée sous un faré éphémère ; à côté, des jeunes hommes dépiautent des bêtes entières ; dans leurs jambes, des enfants jouent et des chiens gambadent. Quel est donc le motif d'une telle agitation ? Un mariage bien sûr, qui réunira dans quelques jours plus de cent convives !

Puis, entre deux bouquets d'arbres, vous entr'apercevrez un drôle de champignon rocailleux émergeant au dessus des flots. Vous arrivez dans la terre bénie des dieux balnéaires : la plage de Luengoni. Eaux pâles et transparentes, poissons multicolores, crabes courant de guingois, sable tant ressassé par les marées qu'il est devenu aussi fin que de la poudre de riz... Des enfants aux cheveux noirs et lisses jouent dans une mare d'eau au sein des rochers. Alentour, le silence résonne des échos de la nature.

La bande asphaltée poursuit son cours insensible au charme des lieux. Mou est le chef-lieu du district Lössi et la résidence du grand chef Boula. Plus loin, après un monument dressé pour le centenaire du débarquement de Fao, puis les restes d'un temple érigé avec des pierres apportés par toutes les tribus, vous parviendrez au bout de la route à Xodre. En suivant la piste, vous atteindrez un très beau belvédère qui permet par temps clair de voir Tiga, Maré et même la Grande-Terre.

Enfin, il vous reste à découvrir la terre des Gaïatcha. A partir de Wé, une route vous conduit directement à Droueulou. En chemin, vous remarquerez le joli village de Hapetra avec ses cases toutes entourées de palissades, ses pelouses vertes et rases et son église charmante. Drouelou, chef-lieu du district, étend ses sombres cases rondes et ses jardins clairs et colorés au sud de la baie du Santal. De petites criques se succèdent et offrent un horizon allant de la pointe Lefèvre au Cap Aimé Martin. L'église a été décorée par un sculpteur local, Bernard Manique. Vous remarquerez sa Vierge Marie en robe mission.

Pendant que des enfants jouent, que Suzanne confectionne ses chapeaux, d'autres femmes préparent les champs d'ignames.

Ouvéa

Etroite langue de sable de 160 km2, Ouvéa est l'île qui ressemble le plus à l'image idéalisée des atolls du Pacifique. Partie émergée d'un cratère englouti, Ouvéa est constituée d'une bande de terre courbe prolongée à l'ouest, au nord comme au sud, de deux grappes d'îlots : les Pléiades du nord et les Pléiades du sud qui se rejoignent presque à la passe d'Anemata.

Histoire

A la différence de ses sœurs d'archipel, on ne peut dater l'arrivée des hommes à Ouvéa. Aucun site ni conte ne permettent de remonter au-delà du XVIIIème siècle. A cette époque, l'île était habitée par des Kanak venus de la Grande-Terre et des polynésiens. Deux chefs régnaient sur le petit territoire : le Grand Chef Bazit au nord et le Grand Chef Daoumé au sud. Au milieu de ce siècle, les événements qui soulevèrent l'empire Tonga amenèrent des wallisiens à Ouvéa, tandis que des hommes de la Grande-Terre vinrent également s'établir à Fayaoué. Ces derniers se regroupèrent et fondèrent une nouvelle chefferie. Deux langues traduisent aujourd'hui cette double origine : le *laï* d'origine mélanésienne et le parler polynésien.

Au XVIIIème siècle, c'est au tour des européens d'aborder cet atoll. Les capitaines Banks et Cheyne sont ainsi les premiers blancs reçus dans l'île. Aucune hostilité à leur encontre, bien au contraire. Ces santaliers sont accueillis avec tous les égards, et lorsque le chef de Fayaoué meurt, Burns est choisi pour assurer l'interim avant la nomination d'un nouveau chef.

Deux cathéchistes de Maré s'installent parallèlement dans cette nouvelle contrée. Mais, le Grand Chef Bazit adopte par esprit d'opposition la religion catholique. Une fois de plus, les antagonismes religieux allaient permettre aux guerres tribales de resurgir. Il fallut attendre vingt ans pour qu'Ouvéa retrouve le calme.

Aujourd'hui, l'île reste sous le choc du drame de la grotte d'Ouvéa. On se souvient de cette prise d'otages entreprise par des militants du FLNKS pour faire entendre leur désarroi face à la politique centralisatrice du gouvernement Chirac. Elle s'était soldée dans un premier temps par quatre gendarmes tués et une trentaine faits prisonniers. On les avait cachés dans une grotte connue des anciens. La réponse du gouvernement français devait être brutale : le 5 mai 1988, l'armée et le GIGN investirent les lieux, libérèrent les gendarmes et tuèrent dix-neuf canaques. Deux agents de la DGSE périrent dans l'affrontement. Un an plus tard, au cours de la cérémonie de levée de deuil, les leaders indépendantistes J.-M. Tjibaou et Y. Yeiwéné y sont assassinés par un ultra-indépendantiste. Il faudra sans doute encore longtemps pour qu'Ouvéa panse cette plaie vive qui n'honore pas la mère patrie.

Avec 3 500 habitants, Ouvéa subsiste grâce au coprah et à des cultures horticoles et fruitières. Sa grande richesse réside avant tout dans son lagon poissonneux, mais son important potentiel touristique est aujourd'hui au point mort. Il reste pour les familles restées sur place l'argent envoyé par les membres du clan travaillant sur la Grande-Terre.

Lieux

Arrivé à l'aérodrome, vous pourrez vous rendre à la grotte de Cong-Ouloup, une parmi une trentaine de cavités recensées dans la région, qui abrite de belles stalactites. Il vous faudra demander l'autorisation et faire la coutume à la tribu d'Ouloup. En suivant les sentes, vous pourrez atteindre le bord des falaises, hautes de 40 m, et embrasser ainsi une vue magnifique sur le Pacifique.

Fayaoué, toute proche, est le chef-lieu de l'île où l'on retrouve le trio incontournable de nombre de villages calédoniens traditionnels : la chefferie et sa clôture en bois de kohu, le temple orné d'une plaque commémorant l'arrivée des catéchistes et l'église blanche parée de deux clochers. Il y a également les inévitables bâtiments administratifs et les habitations en dur ou en végétal à l'abri des cocotiers. Le lagon bleu outre-mer fait chavirer le cœur ; des enfants barbotent gaiement ; des embarcations voguent à contre-jour ; l'ombre des bois de mer s'étend langoureusement. Vous êtes à la pointe finissante du jour à l'emplacement exact d'une romance entre Dieu et sa création.

Plus au nord, vous découvrirez Wadrilla et son temple restauré par les paroissiens. C'est le plus ancien édifice religieux d'Ouvéa.

Au centre de l'île vous attend une curiosité géologique : le Trou bleu d'Anawa. Gouffre profond rempli d'eau de pluie à la surface, il est comblé d'eau salée plus bas. On y retrouve des arbres noyés, des stalactites et stalagmites.

Sur l'étroite langue de terre émergée reliant le sud et le nord, un wharf a été aménagé. C'est ici qu'arrive et que repart le ferry Y. Yeiwéné.

Au nord, des tribus d'origine polynésienne se sont installés et impriment à l'atmosphère une note océanienne.

Vers le sud, le district de Mouli qui comprend le sud de la Grande-Ile et les îlots Mouli et Fayawa offre de magnifiques paysages : les falaises de Lekine au dessus de la lagune, l'île de rêve Fayawa, la Grande Chefferie de Mouli et sa clôture en troncs de kohu, la plage de la baie de Mouli au sable blanc et voluptueux...

Au delà des Pléiades où les marins ouvéans vont pêcher se trouve Beautemps-Beaupré. Beaux îlots autrefois habités, ils furent découverts par d'Entrecasteaux et baptisé du nom de l'hydrographe qui fit les premiers relevés. Un univers de sable fin, de pandanus, de cocotiers vous y attend.

La Passe vue du pont de Lékiny. Double page suivante : Ouvéa a gardé ses racines, tel ce retour de pêche vers Fayaoué et la traditionnelle préparation du boucan (en bas à droite).

PAGES PRATIQUES

Quand partir ?

Ile tropicale balayée par les alizés, la Nouvelle-Calédonie jouit d'un climat agréable tout au long de l'année. Durant la saison chaude et humide, de novembre à mars, les températures varient autour de 25° de moyenne avec des pics à 35° et des pluies généreuses se déversent sur l'archipel. Il peut également y avoir des cyclones, assez faibles en règle générale. Les flamboyants se couvrent de leur parure écarlate. C'est aussi le temps des grandes vacances pour les Calédoniens. De juin à septembre, l'hiver austral a des allures printanières ; le thermomètre oscille entre 15° et 25° ; les jours sont lumineux, les soirées fraîches. Entre les deux périodes se glissent des inter-saisons, celle d'avril-mai est plutôt instable avec des journées grises et des gros cumulus, celle d'octobre-novembre bien ensoleillée et tiède.

Quelque soient les dates de votre séjour, sachez que le Territoire offre de multiples microclimats : les plages du sud peuvent être sous un ciel bleu intense et les sommets de la Grande-Terre plongés dans une chape de nuages ; les Loyauté sont sous le soleil tandis que Hienghène baigne dans une ondée tropicale...

Quelle formule choisir ?

Adepte des voyages organisés ou solitaire aventurier, toutes les formules de découverte sont possibles. A vous donc d'organiser vos vacances selon vos désirs. Voici quelques adresses utiles qui vous aideront à les préparer.

La Maison de la Nouvelle-Calédonie
7, rue du Général Bertrand 75007 Paris.
Tél : (1) 42 73 24 14 - Fax : (1) 40 65 96 00
GIE Destination Nouvelle-Calédonie
39-41, rue de Verdun, BP 688,
Nouméa 98845. Tél : (687) 27 26 32
Fax : (687) 27 46 23
Office du tourisme de la Province Sud et Nouméa
2, rue Anatole France, BP 2828, Nouméa.
Tél : (687) 28 75 80 - Fax : (687) 28 75 85
Représentation du Tourisme en Province Nord
Imm. Manhattan, 39-41, rue de Verdun, Nouméa. Tél : (687) 27 78 05
Fax : (687) 27 48 87
Maison des îles Loyauté.
113, avenue Roger Laroque, Anse Vata, Nouméa. Tél : (687) 28 93 60
Fax : (687) 28 91 21

Compagnies aériennes desservant Nouméa

Air-France. Renseignements
(1) 44 08 24 24
AOM
Renseignements : (1) 49 79 12 34
Corsair. Nouvelles Frontières
Renseignements : (1) 41 41 58 58
Le voyage dure environ 24 heures, avec une à deux escales.

Les Tour-Operators

De nombreux TO proposent des voyages organisés, séjours et croisières. Ils peuvent aussi vous proposer des locations de voitures. Vous pouvez vous renseigner auprès de votre agence de voyage ou appeler directement les TO.
Tours 33 : (1) 43 29 36 50
Nouvelles-Frontières : (1) 41 41 58 58
Club Med : (1) 42 96 10 00

Les formalités

Aucun vaccin n'est obligatoire, sauf pour les personnes ayant séjourné dans un pays contaminé.

Les Français doivent se munir d'un pièce d'identité en cours de validité ou d'un passeport périmé au plus de trois ans. Du fait des escales, un passeport valide est néanmoins préférable. Il vous faudra également présenter votre titre de transport de retour ou de poursuite de voyage, faute de quoi vous serez soumis au versement d'une caution.

Les nationaux de la CEE n'ont pas besoin de

visa à la différence des autres ressortissants.

Un strict contrôle sanitaire intercepte à la douane toute plante ou aliment frais. Inutile donc d'acheter des orchidées à l'escale de Bangkock, elles finiront à la poubelle. Quant aux animaux, ils sont placés en quarantaine. L'entrée des oiseaux est interdite.

Le décalage horaire

Et oui ! Vous êtes aux antipodes alors attention au *jet lag*. Il est 9 heures plus tard qu'en métropole en heures d'été, et 10 heures plus tard en heures d'hiver.

La monnaie

Le franc CFP (franc Pacifique) a une parité constante avec le franc français soit : 100 francs CFP = 5,5 FF. Pour vos calculs, une rapide méthode de conversion : divisez par vingt la somme en francs CFP puis ajoutez 10 % du quotient obtenu. Avec l'entraînement, vous parviendrez très vite à faire ce calcul.

Exemple : 4570 francs CFP = 4570/20 (soit 228,5) + 228,5 x 10 % (soit 22,85) = 241,35 francs français

Inversement, 1 franc français = 18,18 francs CFP.

Pour l'anecdote, sachez que cette étrange parité est héritée de l'ancienne parité entre le franc CFP et le dollar.

Vous pourrez retirer de l'argent avec votre carte bleue dans les distributeurs automatiques ou en vous rendant dans une agence bancaire (Crédit Lyonnais, BNP, Société générale, Caisse d'épargne Ecureuil, CCP).

Téléphone

Pour appeler de France en Nouvelle-Calédonie, il vous faut composer le 19 suivi de 687 puis les six chiffres du numéro de téléphone (à partir de l'automne 1996, il vous faudra faire le 00 au lieu du 19).

Pour appeler du Territoire en métropole, il vous faut composer le 00-33 suivi du 1 pour la région parisienne, puis du numéro à huit chiffres (à partir de 1996, la numérotation change en métropole).

Attention au décalage horaire et au prix de la communication. Mieux vaut appeler d'une cabine à carte que de votre chambre d'hôtel.

Sur place

Les transports

A Nouméa, un service de bus dessert fréquemment l'ensemble de l'agglomération. La gare routière se situe à l'emplacement de l'ancien marché. Vous pouvez également utiliser le taxi.

Pour aller en brousse, bien que des cars se rendent dans les principales agglomérations, il est préférable de louer une voiture qui vous permettra de vagabonder à votre guise. Attention, le prix de la location reste assez élevé par rapport à ceux pratiqués en métropole. En revanche, l'essence est bon marché et vous en trouverez dans le moindre village.

Le réseau de routes est assez inégal. La route territoriale 1 (rebaptisée RPN1 sur sa portion nord) est bien entretenue, jusqu'à Koumac, puis devient plus difficile entre Koumac et Poum. En cas de pluie, méfiez-vous des radiers qui débordent. Les routes transversales des cols des Crève-Coeur au nord, du col des Roussettes au centre et du col de Nassirah plus au sud tournent beaucoup mais sont correctes. Sur la côte est, la RPN 3 est bonne entre Ouega et un peu après Pouebo, puis entre Hienghène et Houaïlou. De Pouebo à Hienghène, une cinquantaine de kilomètres de piste bien damée permet de rouler sans difficulté en voiture classique. Vous traverserez de nombreux ponts jetés au dessus de larges estuaires et emprunterez à Hienghène le dernier bac en service de Nouvelle-Calédonie. Impressions d'Asie... Impossible de poursuivre plus au sud vers Poro et Kouaoua sauf si vous avez un 4x4 et un chauffeur de rallye. En dehors de ces axes principaux, toute une trame de pistes dessert les tribus,

aussi bien sur le littoral qu'au cœur de la chaîne. Si le temps n'est pas au déluge, vous pourrez vous y rendre en voiture classique.

Une particularité du Territoire : la route à horaire entre Thio et Canala. Aux heures rondes paires, le sens unique va de Nakety vers Thio, aux heures rondes impaires, c'est l'inverse.

Dans le sud, la route de Yaté est bonne, mais les pistes de la région ne sont à recommander qu'aux pilotes avertis. S'il a plu, attendez que la terre ait eu le temps de sécher. Le 4x4 est ici le bienvenu ! N'hésitez pas à en louer un pour la journée, vous ne regretterez pas les soubresauts.

En résumé, la plupart des routes et pistes sont fréquentables en voiture de tourisme. Préférez néanmoins les châssis hauts. Le 4x4 n'est indispensable que dans le sud et entre Houaïlou et Kouaoua.

La signalisation, en dehors des indications kilométriques, permet de se repérer sans problème. La limitation de vitesse est de 110 km/heure sauf en ville.

Le fair-play et le respect de la signalisation sont ici une règle de conduite très agréable. A Nouméa, les piétons sont prioritaires et les embouteillages (entre 6h30 et 8h00 du matin et vers 5h00 de l'après-midi) ne donnent lieu à aucune scène hystérique.

Les loueurs de voitures à Nouméa (dont certains sont représentés à l'aéroport) :
AB Location. Tél : 28 12 12, Fax : 27 71 55
Avis. Tél : 27 54 84, Fax : 28 62 90
Budget. Tél : 26 20 09, Fax : 27 52 72
Hertz. Tél : 26 18 22, Fax : 27 81 14
Mencar. Tél : 27 61 25, Fax : 28 17 59
Pacific Car. Tél : 27 60 60, Fax : 28 45 40
Tour des Iles (pour les Loyauté). Tél : 26 41 42, Fax : 26 29 28

Les vols intérieurs

La compagnie Air Calédonie assure plusieurs vols par jour en direction des îles Loyauté, de l'île des Pins et des principaux centres de la Grande-Terres (Touho, Koné, Koumac, Poum). Tél : 28 78 88 et 28 65 64. Les départs se font de l'aéroport de Magenta à Nouméa.

Vous pouvez aussi louer un hélicoptère ou un petit avion. Outre Air-Calédonie, des petites agences de location se trouvent à Magenta.

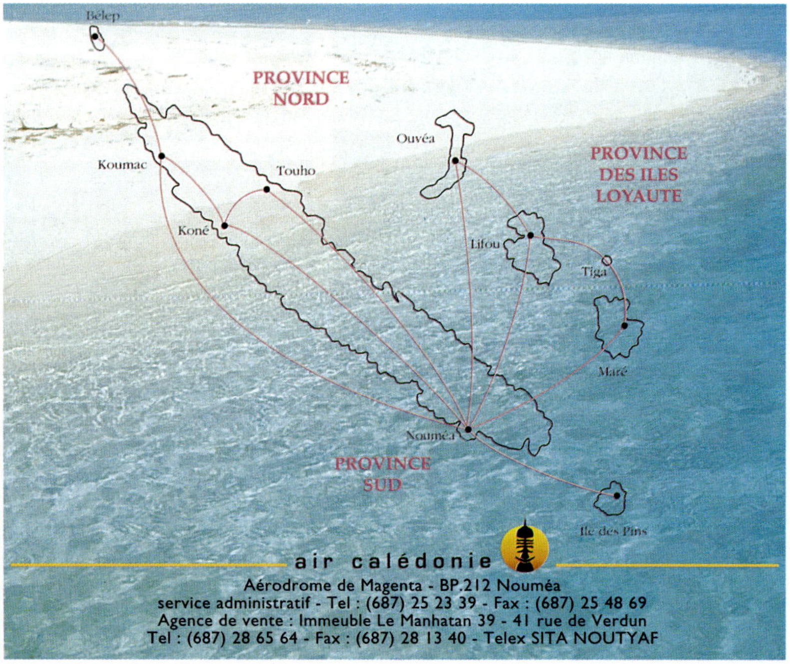

Les traversées

Pour aller dans les îles Loyauté, vous pourrez également prendre la car-ferry Yeiwéné Yeiwéné. Des excursions à la journée sont également proposées pour la visite du phare Amédée et les îlots proches de Nouméa.
Patonga (îlot Maître). Tél : 28 53 20
Pepsi (îlot Signal). Tél : 27 50 43
Mary D'Princess (phare Amédée). Tél : 26 31 31
Les Transports du Lagon (phare Amédée). Tél : 27 50 43

Les locations de voiliers et de bateaux à moteur
Si vous avez l'âme marine, vous pouvez cingler dans les eaux bleues du lagon ou de l'océan à bort d'un bateau de location. Voici quelques agences de Nouméa :
Alizés Voiles. Tél : 27 50 43
Nouméa Yacht Charters. Tél : 28 66 66
Pacific Charter. Tél : 26 10 55
Nouméa Rent a Boat. Tél : 26 25 28
Dauphin Picard. Tél : 26 32 77

L'hébergement

L'infrastructure hôtelière bien développée à Nouméa est encore très restreinte sur le reste de la Grande-Terre et dans les îles. En période de vacances scolaires sur place ou métropolitaines, il est préférable de réserver vos chambres à l'avance.

Si à Nouméa, l'hôtellerie est de type classique, en brousse et dans les îles, vous trouverez en revanche de nombreux gîtes mélanésiens en cases avec possibilité de camping. Une solution moins confortable mais plus pittoresque.

Sachez enfin que de nombreux hôtels proposent des chambres avec kitchenettes. Si vous séjournez à Nouméa, cette option peut être plus économique. Les restaurants sont chers !

Les hôtels à Nouméa

- **Les moins chers**

(prix compris entre 3000 CFP et 5 000 CFP pour deux personnes dans une chambre de base) :
Auberge de jeunesse
(tout près de la cathédrale)
Tél : 27 58 79, Fax : 25 48 17
Calédonia (juste à côté du musée)
Tél : 27 38 21, Fax : 27 81 45
Le Lapérouse
(sur la place des Cocotiers)
Tél : 27 22 51, Fax : 27 11 87
Le Paris (en plein centre vile)
Tél : 28 17 00, Fax : 27 60 80
Motel Anse Vata
(à deux pas de la plage)
Tél : 26 26 12, Fax : 25 90 60
Motel Le Bambou
Tél : 26 12 90, Fax : 26 30 58
Paradise Park Motel
(dans la vallée des Colons)
Tél : 27 25 41, Fax : 27 61 31

- **Les raisonnables**

(entre 8 000 et 12 000 CFP) :
Vers l'Anse Vata
Hôtel Ibis. Tél : 26 20 55, Fax : 26 20 44
Le Lagon. Tél : 26 12 55, Fax : 26 12 44
Lantana Beach
Tél : 26 22 12, Fax : 26 16 12
Sur la Baie des Citrons
Marina Beach. Tél : 28 76 33, Fax : 26 28 81
Mocambo. Tél : 26 27 01, Fax : 26 38 77
Dans la baie de Sainte-Marie
Le Stanley. Tél : 26 32 77, Fax : 25 26 56

- **Les luxueux**

(plus de 15 000 CFP) :
Sur l'Anse Vata, côté rue
Isle de France. Tél : 26 24 22, Fax : 26 17 20
Surf Novotel. Tél : 28 66 88, Fax : 28 52 23
Nouvata Parkroyal
Tél : 26 22 00, Fax : 26 16 77
A la baie des Citrons, côté plage
Le Méridien
(le dernier né à l'architecture contemporaine). Tél : 26 50 00, Fax : 26 51 00
Club Med. Tél : 26 12 00, Fax : 26 20 71
Sur l'îlot Maître
Escapade Resort. Tél/fax : 28 53 20

La côte Ouest

- **Vers Bouloupari**

Paillotes de la Ouenghi (bungalows, parcours de golf, centre équestre et rivière). Tél : 35 17 35

- **Vers Bourail**

La Nera (sur la RT1)
Tél : 44 16 44, Fax : 44 18 31
Poé Beach (bungalows en bordure de plage). Tél : 44 18 50, Fax : 44 10 70
El Kantara (à la Roche Percée)
Tél : 44 13 22, Fax : 44 20 33

- **Vers Pouembout**

Le Bougainville
Tél : 35 52 55, Fax : 35 59 84
Gite le Tamaon (dans une station d'élevage)
Tél/fax : 35 57 26

- **Vers Koné**

Hôtel Konimabo. Tél : 35 51 86, Fax : 35 53 03
Monitel l'Hibiscus
Tél : 35 52 61, Fax : 35 55 35
L'escale de Koné. Tél : 35 51 09
Relais Madiana. Tél : 35 50 09, Fax : 35 50 03
Gîte d'Ateou (en plein cœur de la Chaîne, une seule case traditionnelle, dépaysement garanti) : 35 56 13

- **A Koumac**

Le Grand Cerf. Tél : 35 61 31, Fax : 35 60 16
Monitel. Tél : 35 66 66, Fax : 35 62 96
Passiflore. Tél : 35 62 10

- **Vers Poum**

Malabou Beach
(bungalows, plage de sable blanc)
Tél : 35 60 60, Fax : 35 60 70
Gîte Poingam (le bout du monde)
Tél : 88 24 20

La côte Est

• Ouegoa
Le Normandon. Tél : 35 68 28
Hienghène
Koulnoué Village, Club Med (bungalows sur fond de cocoteraie et de roches de Lindéralique). Tél : 42 81 66, Fax : 42 81 75
Gîte de Wéouth (2 bungalows dans une tribu de bord de mer, possibilité de camping). Tél : 42 81 19 (Alice)
• Touho
Relais Alison. Tél : 42 88 12
Gîte Mangalia Beach (toit en peau de niaouli et bord de mer). Tél : 42 87 60
• Poindimié
Monitel (les pieds dans l'eau). Tél : 42 72 73, Fax : 42 72 24
Hôtel de la plage. Tél/fax : 42 71 28
Gîte Napoemien. Tél : 42 74 77
Motel Tapoundari. Tél : 42 71 11
• Thio
Gîte Ourou2. Tél : 44 51 63

Le Sud

• Les îlots du sud
Hôtel Casy (raffinement colonial, activités nautiques et découverte de la nature). Tél/fax : 26 47 77
Turtle Club (le confort à l'état sauvage). Tél/fax : 28 53 62
• Yaté
Gîte Saint-Gabriel. Tél : 46 42 77
Gîte Iya. Tél : 46 42 32
Gîte Wadiana (l'extrême sud). Tél : 46 41 90

Ile des Pins

Gîte Kuberka (baie de Kuto)
Tél : 46 11 18, Fax : 46 11 58
Hôtel Koubugny (baie de Kuto)
Tél/fax : 46 12 23
Relais Kodjeue (centre de plongée). Tél/fax : 46 11 42
Gîte Manamaky. Tél/fax : 46 11 31
Gîte Nataiwatch. Tél : 46 11 13, Fax : 46 12 29
Gîte Oure (face au rocher de Kanumera). Tél : 46 11 20

Les Loyauté

Lifou

Lifou Plaisance (ambiance pastel à Dosip). Tél : 45 14 44, Fax : 45 13 55
Chez Kabba (dans une case traditionnelle au milieu d'un clan plein d'enfants et de gentillesse). Tél : 45 19 67
Chez Rachel (dans la magnifique baie de Chateaubriand). Tél : 45 12 43
Relais des Cocotiers (à Wé). Tél : 45 11 36
Gîte Hnaxulu (cases). Tél : 45 16 42
Gîte Neibash (sur l'immense plage de sable fin Luengoni, eden tropical). Tél : 45 15 68
Faré Falaise (sur les fameuses falaises de Jokin au sein d'une famille mélanésienne)
Hôtel Lifou Beach (bungalows de charme au milieu de la baie de Chateaubriand). Ouverture prévue fin 1995

Maré

Gîte Si-Hmed. Tél : 45 41 51
Hnala Village. Tél : 45 43 96, Fax : 45 43 87
Hôtel Cengéïte. Ouverture prévue fin 1995.

Ouvéa

Gîte Beaupré. Tél : 45 71 32

Pour les îles, la réservation peut être faite par l'intermédiaire d'Air Calédonia.

La restauration

Il serait trop long de citer ici tous les restaurants de l'île. Je me contenterai donc de vous faire un bref aperçu des différentes formules de restauration. Les horaires des restaurants sont sensiblement les mêmes que ceux en métropole, à l'exception du petit-déjeuner plus matinal (entre 7h00 et 9h00).
A Nouméa, le choix est vaste entre les restaurants de luxe, les snacks à la sauvette, les brasseries du centre vile, les terrasses en bordure de mer à l'Anse Vata. Ici, vous trouverez des cuisines du terroir, des plats vietnamiens ou indonésiens, des pizzas à gogo et même des hamburgers-frites.

Voici donc quelques adresses :

• Les plus chers
La Louisiane (dans une villa normande au bord de la baie de l'Orphelinat). Tél : 26 11 16
La Coupole (la grande cuisine française face à l'Anse Vata). Tél : 26 44 11
Le Petit Train (les petits plats dans les grands, côté plage). Tél : 26 28 11

• Les raisonnables
La brasserie Saint-Hubert (à l'angle de la place des Cocotiers, un rendez-vous très caldoche). Tél : 27 21 42
Le Café de Paris (le bistrot branché de Nouméa, en plein centre vile). Tél : 28 20 00
Satsuma (pour les amateurs de sashimi et autres mets japonais, tout près de l'hôtel Le Lagon). Tél : 28 74 80
La Dolce Vita (escalopes milanaises et autres tiramisu du côté de l'Anse Vata). Tél : 26 24 41
Kuendu Beach (ambiance plage à Nouville)

• Les petits budgets
L'Eau Vive (cuisine de tous les pays servie par des religieuses, faubourg Blanchot). Tél : 28 61 23
Taco's (plats tex-mex, BD, et gâteaux maison dans la galerie du Palm Beach sur la promenade Laroque)

HOTEL LE LAGON NOUMEA

NOUVELLE CALEDONIE

Dans la baie de l'Anse Vata, avec ses restaurants, nigth clubs, l'aquarium et le Casino de Nouméa... se trouve l'hôtel LE LAGON. 59 appartements: studio, F2 et F3, décorés avec goût et pouvant recevoir jusqu'a 6 personnes. Tous nos appartements sont équipés avec climatiseur individuel, brasseurs d'air, salle de bains, TV couleurs, téléphone, facilités de repassage, cuisine complète. L'hôtel LE LAGON dispose des facilités suivantes: un restaurant bar "LE GAUGUIN", une agence de tourisme, un coiffeur, un club de plongée en bouteille, une agence de charter bateaux moteur et voiliers. A disposition gratuitement pour la clientèle: planches à voiles, canoes, pédalos...

143, Route de l'Anse Vata - BP. 440 Nouméa - Nouvelle Calédonie
Télex: (706) 3017 NM Tél: (687) 26.12.55 Fax: (687) 26.12.44

En brousse et dans les îles

Les étapes gastronomiques en brousse sont rares. La tradition du bistrot ne s'y est guère implantée. La solution du pique-nique ou du grignotage au déjeuner est donc la plus simple. Vous pourrez en revanche dîner à l'hôtel le soir, ou chez l'habitant dans un gîte.

La gastronomie locale

Le *melting pot* que constitue la Nouvelle-Calédonie est à l'origine d'une très grande diversité culinaire sans qu'il existe pour autant une gastronomie calédonienne spécifique. Fruits tropicaux en saison, langoustes, crabes et écrevisses, cerfs en daube ou en saucisson vous feront goûter aux plaisirs gustatifs version tropicale.

Il vous faudra aussi savourer ces merveilleux jus frais de pommes-lianes, de papayes, de bananes, de mangues ou de goyaves.

La cuisine canaque, surtout basée sur les tubercules, offre quelques spécialités dont le bougna, sorte de ragoût de poulet, de poisson ou de viande accompagné de taros, de patates douces et d'ignames, cuit au four canaque dans son enveloppe de feuilles de bananier et arrosé de jus de coco. Il y aussi les crabes des cocotiers assaisonnés de jus de coco sur les Loyauté, les escargots Bulime à l'île des Pins.

Les loisirs

Randonnées pédestres, balades à cheval, sorties en mer, planche à voile, plongée en bouteille, golf, vélos, canoë-kayak sont autant de sports que vous pourrez pratiquer ici. Si vous êtes un féru de pêche au gros, de pêche sous-marine ou de chasse, vous serez heureux aussi.

Si vous préférez le spectacle, vous n'aurez que l'embarras du choix entre les courses hyppiques, les rallyes automobiles, les tours cyclistes, les rencontres de football ou de polo... Un moyen comme un autre de voler une tranche de vie calédonienne. Enfin, aux Loyauté, ne ratez sous aucun prétexte ces matchs de cricket féminin.

Le soir, la Calédonie offre en revanche peu de distractions. Le mode de vie local veut qu'on se couche tôt. A Nouméa, vous pourrez aller au casino, au cinéma, prendre un verre au Saint-Hubert, chanter au club de karaoké à deux pas de l'hôtel du Lagon, ou danser dans une des nombreuses boîtes de nuit. Les romantiques pourront aussi choisir de dîner à bord du Mary D'Princess. Ailleurs sur la Grande-Terre et dans les îles, vous aurez tout le loisir d'admirer la voûte étoilée.

La religion

Les premiers missionnaires, catholiques ou protestants, ont laissé des traces dans l'archipel. Jolies petites églises et temples coquets jalonnent la route de la côte est et constituent le centre des villages européens de la côte ouest. Les Mélanésiens sont en règle générale des pratiquants fidèles, qu'ils soient d'obédience romaine, anglicane, baptiste ou adventiste. Aussi, le dimanche matin, en visite dans les tribus reculées, ne soyez pas surpris d'entendre s'élever dans les airs des cantiques et louanges. Les prêtres et pasteurs ont joué et continuent à jouer un rôle important dans la promotion de l'identité canaque et dans la défense de cette communauté. Les pèlerinages (à la Trappe de Saint-Louis et à Téné près de Bourail) sont l'occasion de grandes fêtes.

Les langues

En arrivant en Nouvelle-Calédonie, quelle ne fut pas la surprise des premiers missionnaires en constatant l'extrême pluralité linguistique d'un territoire si restreint. Au XIXème siècle, on répertoriait 32 idiomes. Aujourd'hui, 28, dont un polynésien, sont encore parlés ! A l'époque, des interprètes étaient chargés de traduire. Aujourd'hui, le français, maîtrisé par tous, sert de lien. Les indépendantistes canaques tiennent beaucoup à ces langues qui reflètent, mieux que les traductions françaises, toutes les subtilités de la coutume. Le langage révèle, plus que de savantes constructions, l'âme d'une ethnie.

Les Calédoniens disposent de tout un répertoire d'expressions très imagées tenant du franglais, du bichelamar des premiers aventuriers marins, de l'argot local, de dictons mélanésiens... Bref, une petite musique en paroles, pleine d'humour et de métaphores.

Les règles de politesse

La coutume, encore bien vivante en brousse et dans les îles, impose un certain nombre de convenances. En visite en tribu, il est d'usage ici de "faire la coutume", c'est-à-dire d'offrir au chef en signe de respect un petit cadeau (pièce d'étoffe, cigarettes ou billet de banque). Si vous voulez camper quelque part, il vous faudra demander l'autorisation au petit chef de la tribu. Certains endroits ne peuvent être visités qu'après avoir demandé l'autorisation à son gardien rituel ; les chemins barrés, même symboliquement, ne doivent pas être empruntés, ils sont la propriété d'une tribu et mènent à des lieux sacrés interdits à l'étranger. L'accueil en tribu est généralement très cordial, d'une gentillesse telle parfois qu'il vous fera oublier la condescendance de certains Calédoniens bon teint de Nouméa. De même, les petits stores européens sont un lieu de rencontre favori des broussards, et vous y serez le bienvenu.

Les souvenirs

La Nouvelle-Calédonie, ce sont des images à perte de vue, d'une beauté à couper le souffle. Alors, surtout emportez votre appareil photos et des pellicules. Pour le reste, vous trouverez sur la route de la côte est des stands où sont vendus des articles artisanaux mélanésiens, petites sculptures de bois, paniers tressés, pierres polies et coquillages vernissés. Dans les curios de Nouméa, vous pourrez acheter des colliers de jade, des dauphins sculptés, des cagous en peluche, des assiettes décorées, des tee-shirts colorés et autres babioles. Côté alimentaire, vous pourrez rapporter le fameux café calédonien.

Attention, les pièces d'art mélanésien anciennes sont interdites à l'exportation.

La santé

Le climat calédonien est sain. En dehors de la dengue, sorte de grippe des Tropiques transmise par un moustique, vous n'aurez rien à craindre de particulier. Méfiez-vous néanmoins des coups de soleil. Certains poissons, mollusques et crustacées engendrent une intoxication, appelée la ciguatera. A la saison des pluis, gare enfin aux moustiques !

L'itinéraire

La Nouvelle-Calédonie n'offre aux visiteurs curieux que l'embarras du choix. La Grande-Terre, la bien nommée, déroule son littoral sur près d'un millier de kilomètres et, non contente de ses aises dans son axe nord-ouest/sud-est, déploie plis et replis dans son axe perpendiculaire faisant de son insignifiante largeur kilométrique une traversée tumultueuse. Il y a aussi l'adorable île des Pins et le trio des Loyautés. Vous le comprendrez vite : une visite calédonienne implique des renonciations et des regrets, à moins que vous n'envisagiez un séjour de plus d'un mois.

Voici donc deux suggestions d'itinéraires (sur deux semaines) qui vous permettront de partir à la découverte des différents paysages calédoniens. Vous pouvez évidemment mixer à votre guise ces deux périples.

La Grande-Terre et l'île des Pins

J1 à J3 : arrivé à Nouméa après plus de 24 heures de vol, vous méritez une halte de deux jours à Nouméa. Le temps de se remettre du décalage horaire, de faire quelques préparatifs en ville et d'explorer ses quartiers. Sans oublier une sieste sur la plage de la baie des Citrons ou de l'Anse Vata.

Au troisième jour, le grand tour de la Grande-Terre peut commencer. A votre volant donc !

J3 à J5 : Bourail et la plage de Poé. Hôtel Poé Beach. Comptez une journée et demi si vous voulez vous offrir une petite incursion à l'intérieur des terres dans les ravissantes tribus avoisinantes.

J5 à J7 : Koné et la tribu d'Atéou. Hôtel Koniambo. Si vous voulez faire une randonnée équestre, restez deux nuits à l'hôtel.

J7 à J8 : le pays des niaoulis et des mines. Visite des anciennes mines de Tiebaghi. Une nuit au Malabou Beach Hôtel un peu avant Poum pour son confort.

J8 à J9 : l'extrême nord et sa solitude minérale. Une nuit au gîte Poingam histoire de regarder les étoiles de la pointe du monde.

J9 à J10 : la petite traversée et la corniche calédonienne. Après la brousse côté ouest, voici la plage côté est. Tribus et cocotiers. Arrêt au Koulnoué Village ou au gîte de Wéouth.

J10 à J11 : les chutes de la Tiwaka, la vallée d'Amoa et Poindimié. Monitel.

J11 à J12 : les cascades, Ponérihouen, le col des Roussettes, Nouméa. Dîner en ville.

J12 à J14 : l'île des Pins, son histoire, ses baies et ses lagons. Un dernier avant-goût de paradis avant le départ.

La moitié sud de la Grande-Terre et les Loyauté

J1 à J5 : idem que pour l'itinéraire précédent.

J5 à J6 : la route du col de Boghen, Farino, les tribus du Grand-Couli et du Petit-Couli, le col d'Amieu et Sarraméa. Un nuit à l'Evasion 130 pour son atmosphère très "partie de chasse".

J6 à J7 : les cités minières, Canala, Thio, la route du col de Nassirah. Halte détente ou sport aux Paillotes de la Ouenghi. Golf et randonnées équestres pour les amateurs.

J7 à J8 : après les charmes de la brousse, retour en ville pour une soirée citadine. Restaurant et discothèque en option.

J8 à J9 : vers le grand sud, le parc de la Rivière Bleue, Yaté et la côte méridionale. Une nuit au gîte de Wadiana. Sortie en pirogue facultative et à la demande.

J9 à J10 : voyage en sens inverse avec détour vers les chutes de la Madeleine. Et, de nouveau Nouméa.

J10 à J11 : saut de puce en navette à l'île Ouen, un moyen d'admirer la côte sauvage au sud de Nouméa. Confort et isolement au Turtle Club.

J11 à J14 : une ou deux îles des Loyauté. A vous de choisir. Mais sachez que vous recevrez un excellent accueil au gîte Chez Kabba à Jozip, Lifou. Voyage aux pays de la coutume avant de retrouver la civilisation occidentale.

Guides

Arlette Eyraud, *La Nouvelle-Calédonie aujourd'hui*, Paris, Les Editions du Jaguar, 1993
En Nouvelle-Calédonie, Paris, Guides Visa, 1995

Les Créations du Pélican
"Bonjour la Nouvelle Calédonie",
Guide pour voyageurs curieux
© 1999 Les Créations du Pélican / VILO
ISBN : 2 7191 0464 7
S.A. Vilo Distribution au capital de 1 000 000 F
RCS Paris B 393 330 022
Siège social : VILO, 25, rue Ginoux - 75015 Paris
Tél. : 01 45 77 08 05 - Fax : 01 45 79 97 15
Direction éditoriale : Jean-Michel Renault
9, avenue de la Galine - 34170 Castelnau-le-Lez
Tél. : 04 67 02 66 02 - Fax : 04 67 02 66 01
Rédaction : Hélène Leprisé
Photos : Philippe Giraud
Compléments photographiques : Frédéric Terrien, J. Langevin, J. Pavlovsky/Sygma, Roger Viollet (R.V.)
Cartographie : Christophe Houlès, Alain Fournier
Maquette : Sylvie Lefranc
Photocomposition/photogravure :
Atelier Six Arts Graphiques - Montpellier
Imprimé en Union Européenne
Dépôt légal : 3e trimestre 1999

Imprimé en U.E., sur les presses de **beta**

Ouvrages généraux

Alban Bensa, *Nouvelle-Calédonie, un paradis dans la tourmente*, Paris, Gallimard,1 990
Jean-Luc Mathieu, *La Nouvelle-Calédonie*, Paris, PUF, collection Que sais-je, 1989.
Anthony Raluy, *La Nouvelle-Calédonie*, Karthala, 1990.

Histoire

Joannes Caton, *Journal d'un déporté 1871-1879*, Editions France-Empire, 1986.
Henri Messager, *Lettres de déportation 1871-1876*, Le Sycomore, 1979.
Jacqueline Sénès, *La vie quotidienne en Nouvelle-Calédonie de 1850 à nos jours*, Paris, Hachette, 1985.
Nouvelle-Calédonie, au temps des bagnes, Editions Atlas, 1986.

Ethnologie

Jean Guiart, *La Terre est le sang des morts*, Paris, Anthropos, 1983.
De jade et de nacre, Patrimoine artistique kanak, Paris, RMN, 1990.
Maurice Leenhardt, *Gens de la Grande-Terre*, Paris, NRF, 1937.
Louise Michel, *Légendes et chants de gestes canaques*, Les Editions 1900, 1988.

Actualité

Lionel Duroy, *Hienghène, le désespoir calédonien*, Bernard Barrault, 1988.
Alain Rollat, *Tjibaou le Kanak*, La Manufacture, 1989.
Anne Tristan, *L'autre monde, un passage en Kanaky*, Gallimard, 1990.

Divers

Un petit éditeur local Grain de Sable publie et diffuse des ouvrages ayant trait à la Nouvelle-Calédonie. Ses collections à 500 CFP sont de vraies merveilles. Voici quelques titres de son catalogue :
André Capiez, *Juju le cagou*, 1994 (récit pour enfants)
Bernard Gasser, *Georges Baudoux, la quête de la vérité*, 1994
Nicolas Kurtovitch, *Lieux*, 1994 (recueil de nouvelles)
Maurice Leenhardt, *Le pilou*
Bernard Suprin, *Stars du caillou, les arbres*, Grain de sable, 1994.
Je colorie les pétroglyphe, 1994 (coloriage)

Remerciements

Les auteurs tiennent à remercier tout particulièrement les Présidents des Provinces Nord, Sud et des îles Loyauté, le directeur du GIE Destination Nouvelle-Calédonie, ainsi qu'Air-Calédonie et l'hôtel Le Lagon.